Ku
cywilizacji słońca

Tytuł oryginału francuskiego:

„Vers une civilisation solaire"

Edition oryginale:
© 1981, Wydawnictwo Prosveta S.A
B.P. 12 – 83601 Frejus Cedex (Francja)
ISBN: 978-2-85566-206-0

Produkcja: BoD – Books on Demand,
Norderstedt, Germany

ISBN 978-3-89515-401-0

Omraam Mikhaël Aïvanhov

Ku
cywilizacji słońca

Kolekcja Izvor – tom 201

WYDAWNICTWO PROSVETA
Niemcy

Spis treści

*Czytelnik lepiej zrozumie pewne aspekty
tekstów Omraama Mikhaela Aivanhova,
zaprezentowane w tym tomie, jeśli zechce
pamiętać, że chodzi tu o ściśle ustną Naukę.*

Omraam Mikhaël Aïvanhov w 1937 roku

1

Słońce, inicjator cywilizacji

Kiedy słońce wschodzi rozsyła swoje światło, ciepło, życie i to światło, ciepło i życie przynaglają ludzi do wstawania, a także do pójścia do pracy. Niektórzy idą do biura, fabryki, do pola, inni otwierają sklepy. Dzieci idą do szkoły. Ulice pełne są zgiełku ludzi i krążących samochodów... Wieczór, kiedy słońce zachodzi zamyka się sklepy, opuszcza biura, wraca się do domu i proszę... Do łóżka! Słońce rytmizuje życie ludzi i to ono także było inicjatorem kultury i cywilizacji.

Niekiedy stawia się pytanie: kim jest ten pierwszy, który nauczył ludzi pisma, rolnictwa, posługiwania się ogniem czy niektórymi narzędziami i wymienia się tego czy tamtego, ale w rzeczywistości początkiem wszystkich odkryć było słońce. Powiecie, że to nie jest możliwe, gdyż słońce nie posiada inteligencji, nie ma mózgu, aby myśleć, ani ust, by mówić. A więc według was tylko ludzie-ignoranci byliby inteligentni, a ten, dzięki któremu jest możliwe całe życie na ziemi nie jest inteligentny!...

Otóż, to słońce pierwsze przyniosło człowiekowi wiedzę. Jak? To bardzo proste do zrozumienia, ponieważ słońce daje nam światło, dzięki któremu możemy widzieć przedmioty, kształty, rzeźby, kolory, odległości. To dzięki temu światłu możemy orientować się, obserwować, porównywać, liczyć. Bez światła żadna wiedza nie jest możliwa. Cóż możemy poznać w ciemności? Nic.

A teraz, jeśli zapytam, kto przyniósł religię? Niektórzy, uważający się za wielkich filozofów odpowiedzą mi, że to strach, strach ludzi przed siłami natury. Nie, to jest bardzo ograniczony punkt widzenia. To słońce stworzyło religię: dając ludziom ciepło wytworzyło w nich potrzebę radości, kochania, uwielbienia. W zimnie nie mogliby odczuwać miłości, ale ogrzejcie tylko kogoś, wtedy rozkwita, czuje się dobrze i zaczyna kochać. Oto jak pojawiła się religia: dzięki ciepłu. Ta religia może być najpierw miłością do mężczyzny, kobiety albo zwierzęcia: psa, kota, kaczki... Nie ważne, jaki jest początek. Pewnego dnia miłość wzniesie się do Mistrza wszechświata, do Pana.

W końcu inicjatorem sztuki także było słońce, bo przyniosło życie. Jeśli człowiek posiada życie zaczyna chcieć się ruszać, działać, wyrażać i oto pojawia się taniec, śpiew, malarstwo, rzeźba. Sztuka zaczyna się wraz z życiem. Popatrzcie na dzieci: poruszają się, krzyczą, bazgrają... Ich krzyk to początek muzyki; ich bazgroły to początek malowania; ich małe piaskowe babki to początek rzeźby; ich małe domki to początek architektury; a wszystkie małe ruchy to początek tańca. Tak, sztuka zaczyna się z życiem, a życie przychodzi ze słońca.

Jak artysta mógłby cokolwiek stworzyć, gdyby świat był pogrążony w ciemności? Skąd wziąłby swoje wzory? Kto dałby mu wyobrażenie ruchu, kształtów, kolorów? Powiedziałem do malarzy: „Malujecie obrazy, ale kto dał wam kolory? Czy to wy je wytworzyliście? Nie. Poprzez minerały i rośliny, których są kondensacją, słońce dało wam kolory, czy pomyśleliście o tym?" Nigdy malarze nie zwracali się z wdzięcznością do słońca, które karmi ich kolorami, a nawet bardzo rzadko przedstawiają słońce w swoich obrazach.

Ponieważ słońce przynosi światło, ciepło i życie, jest więc inicjatorem nauki, religii i sztuki, a jednak jest ostatnim, które ludzie kochają i szanują. A więc ja jestem adwokatem słońca i dopominam się jego rehabilitacji! Jestem oburzony, kiedy widzę jak go traktują: stawiają pomniki oszustom, a nigdy słońcu! a jednak jest ono pierwszą przyczyną, źródłem wszystkich rzeczy. Od niego pochodzą: ziemia i inne planety, ono dało im początek. Dlatego ziemia zawiera te same elementy, co słońce, ale w stanie stałym, skondensowanym. Minerały, metale, kamienie szlachetne planety, gazy, ciała subtelne albo stężone, które znajdują się w ziemi, w wodzie, w powietrzu i w planie eterycznym, pochodzą ze słońca. Na przykład złoto, które ludzie tak cenią, iż aby je posiadać zdolni są do popełnienia przestępstwa... Złoto jest utworzone ze słońca, bowiem tak samo jak istnieją na ziemi fabryki, gdzie wytwarza się różnego rodzaju produkty i przedmioty, tak samo pod ziemią działają fabryki, w których pracują miliony istot i to one kondensując światło słoneczne wytwarzają złoto.

Powiecie: „Jak złoto może być kondensacją światła słonecznego?" Żeby było to jaśniejsze weźmy przypadek drzewa. Drzewa, a szczególnie niektóre z nich jak: sosny, świerki, dęby, orzechy wydają się być materiałem wyjątkowo zwartym, twardym, jako że można z nich budować domy, okręty itp. Drzewo rodzi się w ziemi jest więc uważane za wytwór ziemi. No tak, ale to jest błąd: drzewo jest utworzone ze światła słońca. Weźcie największe drzewo, jakie by było i spalcie go: wychodzą z niego płomienie, niezliczona ilość wspaniałych płomieni, mniejsza ilość gazu, jeszcze mniej pary wodnej; w końcu pozostaje na ziemi mała garstka popiołu: oto ziemia.

Drzewo jest utworzone z ziemi, wody, powietrza i ognia, ale to ogień, promienie słoneczne przenikają go w największej części. Drzewo nie jest więc z ziemi, ale ze skondensowanego światła słonecznego. Zresztą, kiedy pójdziecie do niektórych lasów, takich jak ja widziałem w Indiach, Cejlonie, Stanach Zjednoczonych w Kanadzie czy w Szwecji, możecie stwierdzić, że te drzewa, które zawierają miliardy, miliardy ton nie zostały utworzone na poziomie ziemi; jeśli miałyby czerpać z ziemi elementy, które się na nie składają, ziemia musiałaby się zagłębić dziesiątki czy setki metrów. Oto jeszcze dowód, że drzewo jest kondensacją światła słonecznego. A jeśli drzewa otrzymują i materializują w ten sposób promienie słoneczne, dlaczego niektóre istoty, które pracują pod ziemią nie mogłyby tak działać, aby wytwarzać złoto?... Tak, jest tu coś do przemyślenia.

Pewnego dnia poznałem kogoś, kogo wielką pasją było znalezienie złota. Wyposażył się we wszystkie możliwe książki o skarbach, a także o praktykach magicznych, które pozwoliłyby mu je odkryć. Przez pewien czas pozostawiłem go nic mu nie mówiąc (oczywiście nic nie znalazł), a potem pewnego dnia spytałem go: „Dlaczego umizga się pan do pokojówki zamiast próbować zdobyć przyjaźń kasztelanki?" Oburzył się: „Ja? Ależ ja jestem żonaty i nie umizgam się do nikogo. Dobrze wiem, że jest pan żonaty i jest pan wiernym mężem, ale jednak widzę, że próbuje pan uwodzić pokojówkę".

Ciągle nie rozumiał, więc wytłumaczyłem mu: „Szuka pan złota, ale złoto jest tylko pokojówką. Kasztelanką jest światło słońca, którego kondensacja we wnętrzu ziemi dała złoto. A kiedy kasztelanka widzi, że zamiast próbować uzyskać jej wdzięki, spojrzenia, uśmiechy, biega pan za pokojówką, wówczas broni się i zamyka panu drzwi. Odtąd niech się pan zwraca bezpośrednio do kasztelanki, światła słońca, stara się go pokochać, zrozumieć, przyciągnąć jego dobrodziejstwa, a pewnego dnia złoto się pojawi. Dlaczego nie zwraca się pan o wiele wyżej? Jeśli jest pan przyjacielem króla, wszystkie powody będą uwzględnione. Ale jeśli zdobył pan przyjaźń dozorczyni i pozostanie pan z nią, innych pan nie pozna". Był zaskoczony: „Zrozumiałem" – powiedział. Ale ja nie wierzę, ponieważ w dalszym ciągu puszczał oko do pokojówki!

Nie tylko złoto jest kondensacją światła słonecznego, ale także węgiel, benzyna, drzewa i wszystkie materiały, z których robi się różnego rodzaju przedmioty. Wszystko, co produkuje przemysł nawet ubrania, które nosimy wszystko wytworzyło słońce. Cała ekonomia jest oparta na produktach ze słońca, ale o słońcu się zapomina. Lekceważy się Stwórcę by gonić za skórkami, obierzynami, zgorzeliną jego stworzenia. Jest coś błędnego w rozumowaniu ludzi i w tym jest źródło ich największych nieszczęść, bo jeśli pomija się coś najważniejszego dla drugorzędnego, centrum dla peryferii, można tylko rozbić sobie głowę i to się ludziom zdarza. Dlatego teraz trzeba, żeby oddali pierwsze miejsce temu, kto jest przyczyną wszystkiego: słońcu. Najpierw sytuacja wyprostuje się w ich głowie, potem w społeczeństwie i wszystko się poprawi. Powiecie: „Ale w jaki sposób szanowanie słońca może mieć podobne konsekwencje? To tylko szczegół". Tak, to wydaje się być tylko szczegółem, ale z czasem przemiana wartości spowoduje niezwykle poważne konsekwencje i skomplikowane następstwa we wszystkich dziedzinach życia.

Wystarczy tylko trochę się zastanowić, aby zrozumieć, że słońce jest źródłem wszystkiego, co istnieje na naszej ziemi. Zapytajcie je, aby wam wytłumaczyło jak medytowało, pracowało, żeby ludzie mogli żyć, jak im przygotowało odpowiednie warunki atmosferyczne, temperaturę... Jak dostarczało światła, ciepła, żeby mogło powstać życie. Najpierw pojawiła się roślinność, potem ryby, ptaki, ssaki, w końcu człowiek. To słońce wszystko przygotowało, żeby narodziła się kultura i cywilizacja. I jeszcze jedno: to słońce było pierwszym agronomem, skoro to od niego zaczęło się rozmieszczenie roślinności a także krzyżowanie i jej rozkwit. To ono jest przyczyną nędzy albo bogactwa, głodu albo obfitości.

Kiedy przybyłem do Francji w roku 1937, powiedziałem, że aby w przyszłości wytwarzać energię, nie będzie ludzkości już służyć ani drewno, ani węgiel, ani benzyna, tylko promienie słoneczne. Rzeczywiście w owym czasie nie wierzono mi, ale teraz zaczyna mi się przyznawać rację, gdyż coraz bardziej zdaje się sobie sprawę, że aktualnie wykorzystywane źródła energii wkrótce wyczerpią się i będzie się zmuszonym zwrócić do źródeł energii naturalnej, bardziej subtelnej, które są niewyczerpane. W przyszłości dzięki energii słonecznej będzie się oświetlać, ogrzewać, podróżować... Nawet będzie się odżywiać światłem słonecznym.

Bez życia słońca człowiek nigdy nie mógłby istnieć, działać i pracować. Bez jego ciepła nigdy nie mógłby odczuwać wrażeń. Bez światła nigdy nie mógłby widzieć i nie tylko widzieć, ale rozumieć, skoro rozumienie nie jest niczym innym jak wyższą wizją w dziedzinie intelektualnej.

Ciepło wzbudza wszystko, co dotyczy dziedziny serca: kontaktów, wymiany, miłości, przyjaźni. To ono jest początkiem małżeństwa, rodziny, społeczeństwa i wszystkich form zrzeszania się. Jeśli jesteście zimni ludzie was nie lubią, oddalają się, ale gdy jesteście ciepli przychodzą się przy was ogrzać i są wam wdzięczni za to ciepło. Ciepło jest tym, co ludzi zbliża, co daje zdolność odczuwania, wzruszania, zachwycania się, modlenia... Ciepło słońca jest więc źródłem moralności i religii.

Oczywiście, jeśli powiecie to chrześcijanom, będą oburzeni, bo nie dostrzegają ważności słońca: dla nich najważniejsza jest msza. A więc pytam ich: „Gdyby słońca tam nie było, jak odprawialibyście mszę?" Kto mógłby odprawiać mszę w ciemności i w zimnie? Albo znaleźć chleb i wino do komunii? Nie chcę obniżać wartości mszy, powiem wam tylko szczerze, że wiem na ten temat o wiele więcej niż większość księży. Nauczyli się odprawiać mszę, ale nie znają głębokiego, magicznego jej sensu. Ja go poznałem i dlatego mam dla mszy o wiele większy szacunek niż sami chrześcijanie. Jednak zapytam ich: „Kto odprawi mszę bez słońca?... I kto będzie uczestniczył w tej mszy?" Widzicie, że nie pomyśleli o tym.

A teraz jeśli wam powiem, że to światło słońca pracując nad naszym ciałem fizycznym uformowało nasze oczy, także mi nie uwierzycie? Jednak jest to prawda. To słońce stworzyło nasze oczy. Dlaczego? Żeby być postrzeganym... I dzięki swojemu ciepłu pracowało nad naszym ciałem, żeby stworzyć organy odczuwania: serce, usta i przede wszystkim skórę, dotyk. Odkryło, że wrażliwość na światło powinna być ograniczona tylko do oczu, podczas gdy ciepło powinno być odczuwane na całej powierzchni ciała. Widzicie różnicę... prawda, że to jest interesujące?

Słońce zarządza całym wszechświatem: jest ono niczym dyrygent orkiestry, jak król na tronie. Kiedy podejmuje decyzję, daje tylko sygnał i wszystkie istoty, które posłał tu na ziemię, albo na inne planety, spieszą, by wypełnić jego rozkazy; zmieniają coś w atmosferze, w prądach elektromagnetycznych i następują różnego rodzaju zmiany w królestwie roślin, zwierząt, ludzi, w dziedzinach: biologii, psychologii, ekonomii, socjologii. Wszystko, co dzieje się na ziemi jest sterowane przez słońce; erupcje i plamy słoneczne nie są niczym innym jak sygnałami, które daje on całej hierarchii inteligencji zobowiązanej do wykonania swoich rozkazów.

Pewnego dnia nauka zaakceptuje moje idee; jest to niemożliwe, żeby do tego nie doszło. Dlatego mówię uczonym: „Porzućcie wszystko, co studiujecie w waszych laboratoriach i zajmijcie się słońcem. Wszystko jest tam, w słońcu: zdrowie, bogactwo i szczęście ludzkości". Powiecie, że niektórzy astronomowie i fizycy studiują słońce... Tak, wiem, znam badania, które prowadzą uczeni we wszystkich krajach, a szczególnie w Stanach Zjednoczonych i w Rosji. Ale kiedy zarzucam nauce, że nie zajmuje się słońcem chcę powiedzieć, że jeszcze naprawdę nie zgłębili tego, czym jest światło słoneczne, a zwłaszcza tego jak człowiek może z nim pracować, powodować przenikanie nim, żeby się oczyszczać, wzmacniać, regenerować; żeby te promienie słoneczne, które przenikają głębie oceanów (te, które pozwalają niektórym rybom specjalnie wyposażonym, łapać i rozpraszać światło), mogły także i nas przenikać, a jeśli wiemy jak je otrzymywać, żeby mogły uruchamiać niektóre centra, zaświecać pewne lampy istniejące w nas od wieczności. Dla mnie – powiedziałem wam – promienie słoneczne są jak małe wagony wypełnione prowiantem, to znaczy elementami i energiami, z których człowiek może czerpać do woli dla swojego rozkwitu fizycznego i psychicznego. Wszystko to, czego człowiek potrzebuje zawiera światło słoneczne. Oto ogromna dziedzina do zbadania...

2

Joga słoneczna

Części 1

Wiele się obecnie mówi o jodze. Mówiłem wam także o tym kilka słów prezentując różnego rodzaju jogi, które istnieją i które przychodzą zwłaszcza z Indii i z Tybetu, ale także z Chin i Japonii..., bo wszystkie religie mają swoje jogi, nawet chrześcijaństwo. Tak, chrześcijanie zawsze praktykowali adorację, modlitwę, czczenie miłości ku Stwórcy jako dominujący aspekt religii chrześcijańskiej. W Indiach nazywa się ją Bhakti-joga, joga nabożeństwa, adoracji, duchowej miłości. Jednak joga dotyczy niektórych temperamentów, ale nie innych wartości, różnych zdolności, którym trzeba dać inne możliwości przejawienia się. Wiele jest dróg, które prowadzą do Stwórcy. Chrześcijanie ograniczają się do jednej drogi, która jest zresztą wspaniała i nie trzeba jej krytykować, ale Hindusi są bogatsi, dali wiele innych metod.

Dla tych, którzy są gotowi do studiowania, refleksji, pracy myślowej, dali Hnana-joga, jogę poznania, aby mogli połączyć się z Panem poprzez pogłębienie myślenia.

Niektórzy nie mają skłonności ani do filozofii ani do mistycyzmu, ale mają silną wolę, energię dawania, poświęcania się; chcą pracować i służyć innym. Dla nich jest Karma-joga to znaczy joga dzieł, zadań do wypełnienia bez oczekiwania zapłaty i rekompensaty. Karma-joga jest jogą bezpłatnego i bezinteresownego działania.

Dla tych, którzy chcą panować, opanować swoje instynkty, swoje impulsy, istnieje Radża-joga: przez koncentrację i opanowanie siebie, oni także dochodzą do osiągnięcia Wieczności, do stopienia się z Nim, stają się „królami" (znaczenie słowa „radża") swojego własnego królestwa.

Krija-joga jest jogą światła: myśleniem o świetle, poznaniem go, zrozumieniem, odnalezieniem w nim kolorów, wprowadzeniem ich w siebie i rozsiewaniem ich wokół siebie: jest to wspaniała praca.

Hatha-joga jest dla tych, którzy lubią ćwiczenia fizyczne, przybieranie różnego rodzaju figur „asana" jak je nazywają: składać się, wyginać, zwijać w kulę, umieć przekładać nogi za głowę itd. Te ćwiczenia są w istocie oparte na dokładnej znajomości centrów, które uruchamia się przyjmując taką a taką pozycję; wymagają wiele woli i wytrwałości. Hatha-joga jest na Zachodzie najbardziej rozpowszechniona, ale biedni ludzie Zachodu nie mają ani temperamentu ani budowy ludzi Wschodu ani też umiejętności osiągania spokoju i ciszy, aby móc ją praktykować, dlatego wielu z nich kończy rozstrojem fizycznym i psychicznym. Iluż ludzi spotkałem, którzy przyznawali, że opuścili Hatha-jogę, bo czuli zachwianie równowagi! Trzeba być bardzo ostrożnym i ja nigdy nie radziłem ludziom Zachodu praktykowanie tej jogi.

Agni-joga jest jogą ognia: myśleć o ogniu, pracować z ogniem, obudzić ogień jako że ogień jest początkiem stworzenia. Agni-joga jest ponadto drogą, która prowadzi do Stwórcy.

Szabda-joga, joga Słowa, zawiera pewne formuły do wypowiadania czy mantry w określonym czasie, określoną ilość razy, z określoną intensywnością... Słowo jest siłą, ten, kto działa z tą siłą uzyskuje wielkie rezultaty.

Teraz chciałbym powiedzieć wam o jodze, która przewyższa wszystkie inne: jodze słonecznej. Była dawniej praktykowana przez wielu ludzi, ale dziś porzucono ją zwłaszcza na Zachodzie. Ponieważ w sanskrycie używa się słowa „surja" nazwałem ją „Surja-joga". Jest to ulubiona przeze mnie joga, gdyż łączy i streszcza w sobie samej wszystkie inne jogi.[1]

Student w naszym braterstwie nie może pozostawać ciasnym, ograniczonym, musi rozwijać się we wszystkich dziedzinach. Musi działać z absolutną bezinteresownością: jest to Karma-joga. Powinien szukać Boga, kochać Go i adorować, to jest Bhakti-joga. Powinien koncentrować się, żeby dojść do opanowania siebie, do umiejętności kierowania wszystkimi swoimi mieszkańcami, jest to Radża-joga. Kiedy siedzi się w medytacji, albo wykonuje ruchy naszej gimnastyki, albo Paneurytmii jest to Hatha-joga! Kiedy promienieje światłem i kolorami, otacza się świetlistą aurą, jest to Krija-joga. Koncentrując się na ogniu, który daje mu możliwość spalania w sobie wszystkich nieczystości: to jest Agni-joga. Uważa bez przerwy, żeby być panem słowa to znaczy nie wymawiać słów negatywnych, które mogą wprowadzić w innych zwątpienie lub zniechęcenie, ale przeciwnie sili się, żeby stać się kreatorem nowego życia: jest to Szabda-joga. W końcu koncentruje się na słońcu, kocha go, poszukuje, uważa go za drzwi otwarte do Nieba, jako przejawienie Chrystusa, repre-

---

[1] Żeby od razu określić idee można powiedzieć, że Surja-joga jest zespołem ćwiczeń duchowych, które można praktykować rano o wschodzie słońca. Najlepszym okresem do uprawiania tych ćwiczeń jest okres między początkiem wiosny i końcem lata.

zentanta Boga, jest to Surja-joga. Uczeń, który ją praktykuje nie odrzuca żadnej innej jogi, przeciwnie staje się człowiekiem kompletnym, żyje pełnią.

Pokazuję wam nowy model ludzkości, która powstaje w Uniwersalnym Braterstwie: ludzi, których ideałem jest rozwijanie wszystkich zalet i cnót, ponieważ w Surja-joga zawarta jest adoracja, zawarta jest mądrość, siła, czystość, aktywność, poświęcenie, światło, a także święty ogień boskiej miłości. Dlatego ważne jest, żebyście znali wszystkie błogosławieństwa, które otrzymujecie idąc rano patrzeć na wchód słońca.

Praktykując Surja-jogę łączycie się z siłą, która kieruje i ożywia wszystkie planety systemu słonecznego, słońce; w ten sposób macie pewne rezultaty. Dlatego chcę wam powiedzieć, że wszystkie te jogi, które uważane były w przeszłości jako wspaniałe i które dalej takie są, ustępują miejsca Surja-jodze przewyższającej wszystkie, ponieważ poprzez słońce pracuje się z samym Bogiem. Powiem wam nawet, że nikt nie mógł mnie tego nauczyć tylko słońce mi to ujawniło, ponieważ żadna książka nie może wam dać tego, co da wam słońce, jeśli nauczycie się mieć do niego prawidłowy stosunek.

Na razie jeszcze nie zdołaliście wejść w kontakt ze słońcem; ono tam jest, ale nie macie żadnego z nim powiązania. Zadawalacie się tylko patrzeniem na nie, stwierdzaniem czy ono jest jaśniejsze czy bardziej zasłonięte niż wczoraj, ale to nie w ten sposób wchodzi się w kontakt ze słońcem; żeby ten związek się nawiązał musicie nauczyć się patrzeć świadomie: to znaczy, że między nim a wami zaczną krążyć fale, które stworzą kształty, kolory, nowy świat; przyciągniecie w ten sposób siły, inteligentne istoty, które będą tańczyć, kąpać się w tym pięknie, w tym dialogu, w tej rozmowie, która będzie trwać między wami i słońcem.

Oczywiście nie przyjdzie to z łatwością; żeby otrzymać od słońca wszystkie dobrodziejstwa, trzeba się przygotować. Ale co oznacza „przygotowanie się?" Przypuśćmy, że zdecydowalibyście się asystować o wschodzie słońca, ale wieczorem, albo poprzedniego dnia przeżyliście jakieś gwałtowne uczucie lub kłótnię, itp. Wtedy oczywiście nie jesteście przygotowani: o wschodzie słońca będziecie pochłonięci wspomnieniem chaotycznego stanu, który przeżyliście; słońce będzie obecne, będzie tam, a wy przed nim, ale nic nie odczujecie.

Powinniście więc przygotować się wieczorem: nie jeść za wiele, nie iść późno spać, nie zajmować się czymś, co by was niepokoiło, wszystko przygotować w sposób wolny, zrozumiały z pokojem w sercu, nie musieć nic regulować, żałować albo naprawiać. To jest bardzo ważne. A więc w tym spokoju zaczynacie powoli, delikatnie medytować nie koncentrując się usilnie na słońcu. Najpierw spójrzcie na wasze wnętrze, żeby zobaczyć, w jakim stanie są wasi „mieszkańcy", a jeśli panuje hałas, spróbujcie uspokoić się, zrównoważyć, bo tylko wy możecie temu zaradzić, a po uzyskaniu harmonii i spokoju w waszym wnętrzu, możecie skierować się ku słońcu, wyobrazić sobie, jaki wspaniały jest świat zamieszkały przez doskonałe stworzenia, istoty świetliste, które żyją w subtelnej inteligencji, w absolutnej miłości, czystości i możecie pomyśleć, że tam w górze panuje porządek, kultura, cywilizacja, która przekracza całe wyobrażenie...

A jeśli bym wam powiedział, że mimo nie zdawania sobie sprawy jesteście już w słońcu? Nie czujecie tego, ale jest mała cząstka was, element bardzo, bardzo subtelny, który mieszka w słońcu. Nauka jeszcze nie zdołała naprawdę zbadać człowieka; nie wie, co ogromnego, bogatego, szerokiego i głębokiego reprezentuje. To, co w nim się widzi, jego ciało fizyczne, to jeszcze nie jest człowiek. Posiada on inne ciała (astralne, mentalne, przyczynowe, buddyczne, atmiczne), które zawierają substancje o wiele bardziej subtelne.

Odnosi się to także do ziemi; ona też nie jest tym, co się widzi: wokół niej istnieje atmosfera, która wznosi się dziesiątki kilometrów, a nauka podzieliła je na różne warstwy noszące każda swoją nazwę. Ale nauka nie wie, że w tych warstwach znajdują się niezliczone elementy, istoty i że ponad atmosferą ziemia posiada jeszcze ciało eteryczne, które dochodzi aż do słońca, dotyka je... Więc ciało eteryczne ziemi łączy się z ciałem eterycznym słońca, ponieważ słońce, ono także, ma ciało eteryczne, które rozciąga się ponad własną sferę aż do ziemi, nawet dalej aż do innych planet. Dlatego słońce i ziemia dotykają się i są już połączone.

A ponieważ człowiek jest zbudowany na obraz wszechświata, posiada także ciało subtelne, które dosięgnie do słońca... W ten sposób odkrywa swoją stronę wyższą, boską, człowiek mieszka już w słońcu; ale nie zdaje sobie z tego sprawy, ponieważ ma ograniczoną świadomość w świecie fizycznym.

To, co wam mówię wydaje się niemożliwe, jednakże prawdę trzeba poznać i zgłębić. Kiedy człowiek rozpoczyna studiować w boskiej Szkole Braterstwa Uniwersalnego, przemieszcza się stopniowo z tego miejsca ograniczonej świadomości odczuwanej w świecie fizycznym w kierunku miejsca wyższego, które dotyczy nadświadomości. Ten rejon nadświadomości jest olbrzymi, ma tysiące stopni, które trzeba przejść aż do odczuwania, że jest się mieszkańcem słońca i już istnieje się w słońcu.

Ta część nas samych, ta istota, która zamieszkuje słońce jest naszym wyższym Ja. Nasze wyższe Ja nie mieszka w naszym ciele fizycznym, inaczej nie zrealizowałoby się nic nadzwyczajnego. Tylko od czasu do czasu schodzi, by nawiązać kontakt z naszym mózgiem, ale ponieważ mózg nie jest jeszcze przygotowany, żeby połączyć się w unisonie, ani znieść tych wibracji, wyższe Ja nie może się przejawić. Wyższe Ja pracuje nad mózgiem, przygotowuje go i w dniu, kiedy mózg będzie zdolny do przyjęcia wyższe Ja zamieszka w człowieku.

Nasze wyższe Ja nie jest niczym innym niż samym Bogiem, częścią Boga; dlatego w wyższych rejonach jesteśmy Bogiem, Nim samym, ponieważ poza Bogiem nie ma nic. Bóg przejawia się poprzez stwarzanie i poprzez stworzenia, jesteśmy więc cząstką Niego. Prawdziwą iluzją jest wierzyć, że jesteśmy oddzieleni. Kiedy mędrcy mówią o mai, iluzji, nie mówią oni o świecie materialnym: świat nie jest mają, to nasze niższe ja jest mają, ponieważ daje nam iluzję istnienia jako istoty oddzielone od Boskości. Świat jest rzeczywistością, materia także; iluzja, powtarzam, pochodzi od naszego niższego ja, które popycha zawsze do pojmowania nas za istoty oddzielone.

Jeśli żyjemy bardzo nisko, na poziomie niższego ja mylimy się, trwamy w iluzji, nie możemy odczuwać jedności tego życia uniwersalnego, tej Istoty kosmicznej, która jest wszędzie; nasze niższe ja przeszkadza nam w odczuwaniu i zrozumieniu jej. Dlatego praca, którą wykonujemy rano o wschodzie słońca poprzez medytacje i modlitwy, ta praca w słońcu, ma na celu osiągnięcie połączenia i zbudowania mostu między niższym i wyższym Ja.

Tak długo jak będziecie pod wpływem filozofii mechanistycznej, tak długo będziecie myśleć, że słońce nie potrafi ani mówić, ani pomagać; będziecie sobie zamykać drogę do ewolucji. Trzeba zrozumieć, że wszystko jest żywe, że inteligencja przejawia się poprzez to, co widzimy, że słońce jest inteligencją, życiem, żyjącym światłem... Tylko wówczas słońce zacznie do was mówić. Jeśli ujawniono mi wiele rzeczy to dlatego, że dokładnie doceniałem czym ono jest, to znaczy doceniałem je jako wspaniałego ducha: wzniosłego, pięknego, wielkiego, silnego, inteligentnego... poza nim wszystko traci blask! Spróbujcie postawić mu pytanie, a zobaczycie, że odpowie. Być może nie będziecie w stanie rozszyfrować tej odpowiedzi od razu, ale wcześniej czy później zarejestruje się ona na waszym ekranie, w waszym mózgu. Słońce posyła odpowiedź natychmiast jak maszyna elektroniczna. Do człowieka należy tak się rozwinąć, aby uchwycić odpowiedź dostatecznie wcześnie.

Części 2

Jak wiecie już dziesiątki lat temu nauka odkryła istnienie fal, które krążą w przestrzeni. Z odkryciem, które było początkiem radia, telewizji, radaru, telefonu itd. pojawił się problem skonstruowania aparatów uczulonych na chwytanie i emitowanie fal.

Ale dlaczego pozostawiać tylko nauce lub technice wykorzystywanie tych odkryć? W przestrzeni nie przebiegają tylko fale, które pozwalają nam telefonować albo słuchać programów radiowych czy telewizyjnych... Przebiegają jeszcze inne fale, bardziej subtelne i powinniśmy się także nauczyć je chwytać, mamy na to sposoby. Pan umieścił w człowieku narzędzia, które mu pozwalają otrzymywać fale wysyłane przez słońce, gwiazdy i wszystkie istoty rozwinięte, które zamieszkują przestrzeń powietrzną. Ale zamiast otrzymywać te przekazy, zamiast chwytać prądy i czerpać wszystko, co mają niezbędnego, żeby ulepszać swoje zdrowie czy rozumienie spraw, ludzie myślą o czymś innym, są podłączeni do innej „stacji" – Piekła, która każe im słuchać hałasów, zgiełków, buntów. Powinni się więc nauczyć zmieniać stację i to trzeba robić o wschodzie słońca.

Każdego ranka, kiedy przychodzicie na Skały[2] pomyślcie, że możecie chwytać te fale, które wysyła wam słońce. Zamiast za każdym razem powracać myślami do urazów i źle rozwiązanych problemów, pomyślcie o połączeniu się ze stacjami niebiańskimi inaczej pozostaniecie zawsze tymi biednymi nieszczęśnikami, którzy nie widzą żadnych korzyści z kontemplacji o wschodzie słońca.

Zresztą, wiem dobrze, że niektórzy zapytają: „Po co chodzić rano na skały? To nic mi nie daje". W rzeczywistości wszystko zależy od zadania sobie pytania. Jeśli powiedzieliście sobie uczciwie: „Mam w życiu tylko problemy i trudności, czuję się skrępowany..." I jeśli ludzie idą rano na wschód słońca tylko po to, aby przedstawiać swoje problemy, żeby znaleźć rozwiązanie, być może rzeczywiście znajdą go tam. Rano o wschodzie słońca zastanówcie się jednak nad wszystkimi waszymi problemami, a słońce, które także was widzi powie: „Oto biedak, oświećmy go, pomóżmy mu". Jak słońce może przyjść wam z pomocą? Właśnie przez świetliste fale.

---

[2] Skaliste wzgórze nad Bonfin (centrum bractwa) w południowej Francji, gdzie bractwo medytuje razem o wschodzie słońca podczas kongresów wiosennych i letnich.

Nikt nie ma prawa wypowiadać się na jakiś temat, jeśli jego świadomość nie jest obudzona, bo w tych warunkach może się tylko pomylić. Dlatego powtarzałem wam tysiące razy, że aby asystować przy wschodzie słońca powinniście przygotować się do tego z wieczora: zasypiać z najlepszymi myślami i uczuciami. W ten sposób w nocy oczyścicie teren i nazajutrz przyjdziecie przed słońce obudzeni, dyspozycyjni, myśląc: „Słońce przemawia, Anioły mówią, wysyłają nam przesłania, Panie Boże, dziękuję. Dziś mogę zebrać więcej zdrowia, mądrości i miłości". Jeśli zdołacie wychwycić trochę fal, usłyszycie wszystkie istoty niebiańskie mówiące wam o waszej przyszłości, bogactwie, które posiądziecie, o waszym przyszłym życiu kiedy wasza świadomość będzie obudzona. Tak, Niebo do was mówi, śpiewa wam... Jak możecie potem powiedzieć, że tam nic nie miało miejsca?

Słońce powinno być pierwsze, ku któremu rano zwrócicie swoje spojrzenie, bo w ten sposób uzyskacie dobroczynne wpływy na cały dzień. Są to rzeczy, na które teraz wcale nie zwraca się uwagi i nie ma się racji. Kiedy wychodzicie rano z domu i spotykacie jakąś osobę, nie jest to bez znaczenia, bo niektóre osoby przynoszą wam szczęście, powodzenie, a inne nieszczęście i niepowodzenie.

Kiedy byłem jeszcze w Bułgarii – oczywiście było to przed ostatnia wojną – istniał bardzo ładny i bardzo wzruszający zwyczaj: w Nowy Rok rano widziało się małe dzieci składające życzenia na ulicach i w domach sąsiadów, ponieważ dzieci są czyste i uważano, że mogą przynosić tylko dobre rzeczy. Każde dziecko trzymało małą gałązkę na której były zaczepione wstążki; tą gałązką musiały dotknąć osobę wymawiając życzenie dobrego zdrowia, pomyślnych zbiorów... Dziękowano im dając owoce, cukierki, bułeczki; dlatego dzieci nosiły torby prawie tak duże jak one same, żeby wszystko to zmieścić.

Ja także, kiedy byłem mały, chodziłem do sąsiedztwa z małą gałązką, by życzyć dobrego roku. Nie wiem, dlaczego ludzie uważali, że mogę im przynieść dobrodziejstwa, nawet było wiele rodzin, które prosiły moją matkę, żeby wysłała mnie wcześniej zanim przyjdą inni. A więc budziła mnie, ubierała., a było to dla mnie cierpieniem, bo byłem śpiący i trzeba było iść w chłodzie, w śniegu – wiecie, zimy w górach Macedonii nie są takie jak zimy na Lazurowym Wybrzeżu! Ale jednak robiłem tak i na pół śpiący wchodziłem do domu z małą gałązką i dotykałem całą rodzinę i mamrotałem słowa, których mnie nauczono na pamięć i których sensu nawet nie rozumiałem. Ale mimo to jest to bardzo ładny zwyczaj.

To samo dotyczy słońca. Powinno się słońce pozdrowić jako pierwsze, powiedzieć mu dzień dobry i wtedy wszystkie wasze sprawy powiodą się. Dlatego tak bardzo ważne jest przygotowanie się poprzedniego wieczora myśląc o tym, że nazajutrz znajdziecie się przed najlepszym sługą Boga, który będzie mógł was napoić swoim światłem, ciepłem i swoim życiem. Spróbujcie odłożyć wasze kłopoty, przykrości, aby pozostawać wewnętrznie do dyspozycji świata boskiego, żeby łączyć się z dobroczynnymi siłami, które są w was, wokół was...

Zobaczcie jak wiele ludzi może się między sobą porozumiewać, od kiedy ludzie odkryli połączenie poprzez fale radiowe! Nawet, jeśli niektórzy są w niebezpieczeństwie: na statkach, w samolotach, w górach, w grotach, mogą wzywać pomocy. Każdego dnia radio i telewizja przesyłają nam wiadomości z całego świata... Bardzo dobrze, ale dlaczego porozumiewać się zawsze z ludźmi, którzy każą nam słuchać krzyków, zadań, buntów, gróźb? Trzeba wykorzystać narządy, które dał nam Bóg, żeby nawiązać kontakt ze słońcem, z istotami, które nas przewyższają, żeby się zharmonizować z ich długościami fal, wejść w ich aurę, w ich szczęście, w ich światło, ich pokój, pozwolić im nawiązać łączność z biednymi ludźmi.

Niektórzy myślą: „Ale kiedy to się skończy? Mówicie nam o słońcu, a ono tymczasem spadnie nam na głowę". Tym lepiej, będziecie ugotowani, dobrze ugotowani, żeby was zjeść! Bo istnieją inteligentne istoty, które są jak ogrodnicy: przychodzą odwiedzić swój ogród, swój sad, żeby zebrać owoce i rozkoszować się nimi. Mówią: „O, ten arbuz, ten melon, ta brzoskwinia... jakież wspaniałe owoce! Kiedy widzą człowieka, który w końcu budzi się do życia duchowego, zajmują się nim delektując się wszystkim, co promienieje i emanuje światłem. W ten sposób wszystkie kobiety i mężczyźni są odwiedzani przez ogrodników Nieba. Ktoś powie: „Ale ja nie mam nic do dania. Nie jestem sadownikiem jak można czegoś u mnie szukać?" W rzeczywistości zawsze jest jakiś element użyteczny do zebrania... Nawet roślina trująca, służy do zrobienia lekarstwa!

Pozostawiam teraz ten temat, bo nigdy nie skończymy, gdyż jest to sprawa bardzo pasjonująca. Ludzie nie wątpią, że są odwiedzani przez stworzenia z innego świata. Nawet młode dziewczęta i młodzi chłopcy są odwiedzani, bo są oni wszyscy jak laboratorium wypełnionym elementami chemicznymi. Nie nadeszła jeszcze chwila, żeby o tym móc usłyszeć. Czekam jeszcze, żeby ta najbardziej elementarna kwestia mogła być wyjaśniona inaczej nie zdołacie przyswoić sobie ważnych spraw. Kiedy widzę, że nie troszczycie się jeszcze o wschód słońca, nie będę was obciążał dziedziną, gdzie potrzebne jest opanowanie myśli i energii.

W życiu duchowym jest zresztą jeszcze bardziej niebezpieczne chcieć pomijać pewne etapy. Jeśli mówię wam: „Oto jest talizman, dzięki któremu możecie przywołać duchy", jako że jesteście jeszcze tak słabi i niedoświadczeni, będziecie pogrążeni. A więc co dobrego mogę dla was zrobić? Będziecie gotowi dopiero, gdy weźmiecie pod rozwagę wszystkie tematy, które uważacie za nieistotne, nieważne. Wiem, że nie jest to interesujące, ale to ocali wam życie; podczas gdy to, co was interesuje przyniesie wam nieszczęście, jeśli dostarczy się wam przedwcześnie.

Części 3

Każdego roku z nadejściem wiosny słońce ogrzewa ziemię i nasiona, które w niej się znajdują i cichutko przytulają się czując, że słońce pięści je, woła, zaprasza, więc budzą się i zaczynają swoją pracę. „Och! Och! – powiecie, co Pan nam opowiada? Kiełkowanie, wzrost są u roślin mechanizmem automatycznym i nieświadomym...". Wiem dobrze, ale istnieje jednak w roślinie życie, które śpi i każdej wiosny na wołanie słońca życie budzi się: wszystkie nasiona, wszystkie ziarna kiełkują, rosną i ludzie cieszą się, bo wiedzą, że zbiorą owoce i będą mogli się utrzymać.

Jesteście zawiedzeni i myślicie, że wiecie to już od dawna. Nie wątpię, że wiedzieliście wszystko, co wam mówię, ale jednak mówię wam o tym, żeby pokazać, iż nie zrozumieliście tej sprawy. Wiecie, wiecie, ale nie zrozumieliście. Wiedzieć i zrozumieć to są dwie różne sprawy. Wie się, ale co dotąd dała ta niezwykła wiedza? Nic. Jeśli byście zrozumieli, zobaczylibyście, że wy także posiadacie ziarno, które powinniście rozwinąć.

W duszy, w duchu, w sercu, intelekcie i w ciele fizycznym ludzi złożył Stwórca nasiona (dary, cnoty, siły magiczne, wszystkie wspaniałości), które tylko światło i ciepło słońca duchowego może obudzić i rozwinąć. Jeśli wiosną i latem chodzimy każdego ranka na wschód słońca, które jest najlepszym obrazem Boskości to właśnie po to, żeby dać naszym nasionom najlepsze warunki do wzrostu i rozwoju. Jeśli ci, którzy uważają się za dość inteligentnych i mądrych lekceważą tę praktykę, ich boże nasiona pozostaną zakopane w ziemi na wieczność.

Wystawiajcie się więc każdego ranka na promienie słońca, wówczas wasze nasiona zaczną wzrastać i staniecie się kwiecistym ogrodem wypełnionym wybornymi owocami. Owoce, które nie są wystawione na słońce pozostają zielone, cierpkie, kwaśne, a wystawione na słońce stają się kolorowe, słodkie i smaczne. Wszyscy to wiedzą, ale nikt nie dostrzegł, że to odnosi się także do człowieka. Oczywiście wielu ludzi wystawia się na słońce na plaży, ale popołudniu przychodzi moment, kiedy wpływ promieni słonecznych nie jest już korzystny, a nawet staje się szkodliwy.

Powinniście wczesnym rankiem wystawiać się na działanie promieni słonecznych i pozwolić słońcu wykonywać swoją pracę. Poczujecie rodzące się w was malutkie pączki, malutkie kiełki... Oczywiście trzeba je następnie podlewać, bo inaczej uschną. Słońce daje światło i ciepło, ale nie może podlewać roślin: potrzebuje więc współpracownika, wody, która znajduje się w nas. Tak, słońce wykonuje część pracy, a my powinniśmy wykonać drugą: rośliny, które słońce ogrzało powinniśmy podlewać. Jaką wodą? Naszą miłością, wiarą, ufnością, naszą dobrą wolą... Trzeba słońcu pomóc! Jeżeli pozostawicie mu ogrzewanie bez uczestniczenia w pracy, nie będzie większych rezultatów; to, co powinno wykiełkować umrze wyschnięte.

Ale jak uczestniczyć w tej pracy?... A więc gdy jesteście pod wpływem promieni słońca, powinniście być aktywni jak ono, to znaczy medytować, kontemplować, modlić się, dziękować Panu, albo wypowiedzieć kilka pozytywnych i świetlistych słów. W ten sposób podlejecie te małe kiełki waszym sercem, miłością i wszystko będzie dobrze. Nauczcie się stawać dobrym rolnikiem waszej własnej ziemi.

3

W poszukiwaniu centrum

Części 1

Wszystko to, co istnieje na ziemi istniało najpierw w stanie eterycznym na słońcu. Aby zrozumieć tę ideę trzeba wiedzieć, że elementy formowały się przez postępujące zagęszczanie. Na początku był ogień. Ogień wydzielił z siebie gęstszą substancję – powietrze, które z kolei wydzieliło wodę. Woda z kolei uwolniwszy się od swych najgęstszych elementów uformowała ziemię (zresztą obecnie posiada się dowody naukowe na to, że życie na ziemi wywodzi się z wody). Każdy element jest zagęszczeniem elementu kolejnego, bardziej subtelnego: powietrze-ognia, woda-powietrza, ziemia-wody. Jednak poza ogniem, który znamy, istnieje inny ogień, światło słońca, które jest prawdziwym źródłem wszystkich rzeczy.

Powiecie: „Ale jak się to stało, że te wszystkie elementy się zagęszczały?". Wystarczyło, że opuściły środek, centrum słońca. Gdy elementy zawarte w słońcu oddaliły się w stronę peryferii, skondensowały się, stały się nieprzeźroczyste, ciężkie, masywne... To samo uwidacznia się także u człowieka: oddalając się od centrum, raju Boga, staje się przyćmiony, ociężały i dlatego aby odnaleźć swoją czystość i światło, musi znów powrócić do centrum. Zobaczycie teraz, jak zalecenia wszystkich religii spotkają się w poszukiwaniu centrum lub – jeśli wolicie wyrazić to symbolicznie – słońca.

Przed laty blisko Saint-Cloud istniał park rozrywki, zwany Lunaparkiem. Pewnego dnia poszedłem tam, aby go zobaczyć. Nie opowiem wam o wszystkim, co tam się znajdowało dla zabawiania publiczności. Opowiem wam tylko o czymś, co nazywało się „talerz na masło". Była to okrągła, obracająca się platforma, na którą wstępowali młodzi ludzie... Maszyna została uruchomiona, ruch był coraz szybszy i wkrótce ci, którzy znajdowali się na obrzeżu byli pociągnięci przez wir sił odśrodkowych, zostali porwani, przewracani i rzucani na wszystkie strony na zewnątrz, podczas gdy ci, którzy byli w centrum pozostawali spokojnie na swoim miejscu. Ten prosty obraz pokazuje wam, że im więcej oddalacie się od centrum tym bardziej podlegacie siłom zaburzającym, chaotycznym i stopniowo tracicie równowagę i pokój, a przeciwnie, gdy zbliżacie się do centrum, ruch się odmienia, odczuwacie spokój, radość, uniesienie.

Dawni Wtajemniczeni ustanowili naukę, filozofię i metody, dokonując obserwacji w naturze i w sobie samych. Ich badania, ich odkrycia dotarły do nas i teraz przekazuję je wam dla waszego użytku i doskonalenia się. Jednakże należy rozumieć mój sposób mówienia. Jestem uprzywilejowany przez to, że dysponuję językiem bardzo jasnym, bardzo prostym, niemal dziecięcym, w porównaniu ze wszystkim, co znajdziecie w dziełach filozoficznych i teologicznych, które są tak abstrakcyjne i niejasne! Ale dlaczego by nie upraszczać słów dla wyrażenia wielkich prawd? Dlaczego by ich nie uczynić jasnymi i dostępnymi nawet dla dzieci? A tą zaletą, którą obdarował mnie Bóg jest: umieć przedstawić zagadnienia najbardziej abstrakcyjne w sposób jasny i prosty. I to jest to, co robię dla was każdego dnia. Popatrzcie na przykład: obraz obrotowego talerza na masło pokazuje nam, że jeśli idziemy rano kontemplować słońce z pragnieniem wniknięcia w nie, nie tylko czerpiemy przy tym siły, lecz także odnajdujemy w sobie centrum: opuszczamy peryferie i powracamy do źródła, pokoju, światła, wolności.

Słońce jest centrum systemu słonecznego i wokół niego krążą w harmonijnym ruchu wszystkie planety. Ten harmonijny ruch planet wokół słońca powinniśmy wpoić w nasze własne komórki, ale w tym celu powinniśmy znaleźć w sobie centrum, Ducha, Boga. Wtedy wszystkie komórki naszej istoty wchodzą w rytm życia uniwersalnego i to, czego doznajemy jako wrażenia i stany świadomości jest tak cudowne, że nie istnieją żadne słowa zdolne to wyrazić.

„Powiecie, czy to jest absolutnie konieczne, żeby chodzić oglądać wschód słońca? Czy to nie wszystko jedno, kiedy modli się u siebie?". Całkiem oczywiste, że możecie się modlić także w waszym pokoju, łączyć z Bogiem, powracać do centrum. Jednak, jeśli w tym samym czasie, gdy się modlicie oddychacie czystym powietrzem i oddziałują na was promienie słoneczne, urzeczywistniacie jedność z Bogiem nie tylko intelektualnie czy duchowo przez myślenie, ale także fizycznie przez powietrze, przez światło. Tutaj, o wschodzie słońca jesteście wspomagani bardzo potężnymi czynnikami: czystym powietrzem, świeżością, spokojem, całą tą przestrzenią i jej ciepłem, promieniami słońca... Jakaż to obfitość! Jeśli potraficie wykorzystać wszystkie te warunki, zbliżycie się szybciej, skuteczniej, cudowniej do źródła życia, którego wszyscy potrzebujemy.

Wszyscy ludzie bez wyjątku mają potrzebę powrotu do źródła. Rozumieją to w różny sposób, lecz w rzeczywistości wszyscy szukają Boga: ci, którzy zadowalają się samym jedzeniem i piciem i ci, którzy rozglądają się za kobietami nigdy nie będąc zaspokojonymi, a także ci, pragnący bogactwa, mocy czy wiedzy wszyscy szukają Boga. Moja interpretacja oburzy być może osoby religijne, często ograniczone i uprzedzone, które powiedzą: „Ależ to niemożliwe, żeby ludzie szukali Boga na krętych ścieżkach!". Ależ tak, nie ma stworzenia, które nie szukałoby Boga, lecz każde pojmuje Go na swój sposób.

Byłoby korzystniej oczywiście, jeśli wiedziałoby się, gdzie jest Bóg i jak Go znaleźć w całej doskonałości, lecz Bóg znajduje się już po trosze w jedzeniu, piciu i trochę też w pieniądzach. Znajduje się On także w mężczyznach i kobietach. Tak, bo któż inny niż On mógłby wzbudzić te wszystkie odczucia obfitości, uniesienia, podziwu? Pragnienie autorytetu, siły, oznacza także chęć posiadania przymiotu Boga. Życzyć sobie, żeby być pięknym to także jeszcze poszukiwanie posiadania cechy Boga: Jego wspaniałości. Nawet w przypadku żarłoków, którzy spędzają cały dzień na biesiadach, jeśli nie byłoby również jakiejś odrobiny Pana w delektowaniu się, nie odczuwaliby tej rozkoszy, tej przyjemności podniebienia czy brzucha. Nie istnieje nic dobrego, pięknego czy rozkosznego, co nie skrywałoby, co najmniej niektórych cząstek Boskości. Jednak, aby prawdziwie znaleźć Boga, nie polecamy tych wszystkich dróg, jakże kosztownych, nieczystych i godnych współczucia (niektórzy, bowiem wchodzą w rynsztoki, aby szukać Boga!). My pokażemy najlepszą drogę, która bezpośrednio z Nim połączy: słońce.

Pierwszą rzeczą do zrobienia jest więc uprzytomnienie sobie znaczenia centrum i zrozumienie tego jak dążenie do tego centrum wywołuje w nas wielkie zmiany nawet bez naszej wiedzy. Im więcej przybliżamy się do słońca duchem, duszą, naszymi myślami, sercem i wolą, tym bardziej zbliżamy się do naszego centrum, którym jest Bóg. Na planie fizycznym słońce jest symbolem boskości, a jego postać jest widzialna, dotykalna. Wszystkie imiona abstrakcyjne i nam odległe, które nadawało się Panu: Źródło życia, Stwórca nieba i ziemi, Pierwotna Przyczyna, Bóg Wszechmogący, Dusza uniwersalna, Inteligencja kosmiczna mogą się streścić w obrazie słońca tak konkretnym i bliskim nam. Tak, możecie uważać słońce za treść, syntezę wszystkich wzniosłych i abstrakcyjnych idei, które nas przewyższają. Na planie fizycznym, materialnym słońce jest bramą, łącznikiem, środkiem, dzięki któremu możemy się zjednoczyć z Panem.

Zacznijcie od zrozumienia, że patrząc na centrum systemu słonecznego, przywracacie w was samych system jednakowy z waszym własnym słońcem w centrum, waszym duchem, który powraca, usadawia się i przejmuje dowództwo. Tymczasem jest w was nieład, chaos, nie ma władzy i jej zwierzchnika: wszyscy wasi „lokatorzy" jedzą, piją, krzyczą, plądrują; wasze myśli, uczucia i pragnienia przeciwstawiają się sobie: każde chce zagarnąć wszystko dla siebie. Jak chcecie rozwiązać wasze problemy w takiej anarchii? Nie uda się to wam!

Trzeba najpierw być wewnętrznie niczym system słoneczny, w którym wszystko krąży wokół świetlistego i gorącego centrum, nie akceptując już więcej centrum bez wyrazu, słabego, nieczystego, ograniczonego... Zabierzcie się za sprzątanie! Wszystkich tych, których dotąd mieliście za przewodników, jako wzory, powinniście sprawdzić jednego po drugim, mówiąc: „Czy jesteś tak samo świetlisty jak słońce? Nie? Więc, fora, idź stąd...! A ty czy jesteś równie gorący jak słońce. Nie? To odejść!". Po takim przepędzaniu, oczyszczaniu wprowadźcie słońce. A gdy słońce się pojawi i zajmie swoje centralne miejsce, kiedy będzie w was obecne, realne, żywe zobaczycie, do czego jest ono zdolne. Gdy się pojawi wszyscy mieszkańcy, którzy są w was poczują, że powrócił ich przełożony, ich mistrz, ich pan.

Popatrzcie na dzieci w klasie, śpiewaków w chórze, czy żołnierzy w koszarach: dopóki brakuje kogoś kierującego: nauczyciela, dyrygenta, dowódcy, każdy robi to, co chce; lecz gdy zwierzchnik nadchodzi wszyscy zajmują swoje miejsca i praca się zaczyna... Popatrzcie jeszcze na rodzinę, która właśnie się sprzecza. A tu niespodziewanie pojawia się z wizytą szanowany i poważany przez wszystkich przyjaciel, natychmiast przybierają inny wyraz twarzy mówiąc: „Ach, dzień dobry, proszę usiąść. Jakże jesteśmy szczęśliwi widząc pana! Jak się pan ma?". I nawet starają się wtedy miło na siebie patrzyć, żeby przyjaciel nie spostrzegł, że przed chwilą grzęźli w prawdziwej tragedii! Dlaczego by nie zastosować tego samego prawa wprowadzając w siebie „zwierzchnika" najbardziej świetlistego, najbardziej gorącego, najbardziej żywego: słońca? Wtedy, w takiej chwili instynktownie, magicznie wszyscy odnajdą przynależne sobie miejsca, ponieważ wstydziliby się pokazywać swoje grubiańskie zachowania przed takim przyjacielem, czy też takim zwierzchnikiem.

Gdy wybuchną w was spory, zamieszki, rewolucje, jeśli wówczas zaczniecie się modlić z wielką żarliwością, w jednej chwili wszystko ucichnie i odkryjecie spokój i radość, ponieważ przybył do waszego wnętrza przyjaciel i z jego powodu wszyscy mieszkańcy się uciszyli. Ileż to razy to stwierdzaliście, czyż nie? A teraz, gdybyście poprosili tego przyjaciela z jeszcze większą wytrwałością i zapałem, żeby nie odchodził, lecz pozostał w was, zamieszkał trwale, usadowił się w waszym centrum i w was pracował, wtedy światło i pokój na zawsze zapanują w waszej duszy.

Części 2

Jeśli się kieruje pozorami wyglądu, przyjmuje punkt widzenia ziemi, to wtedy uważa się oczywiście, że słońce wschodzi i zachodzi, oraz obraca się wokół ziemi. Ten jedyny przykład może już wystarczyć, żeby pokazać, iż wszyscy ci, którzy przyzwyczajeni są obserwować rzeczy z punktu widzenia ziemi, punktu widzenia geocentrycznego, muszą się mylić: cała ich filozofia jest fałszem, ponieważ ma za podstawę iluzję, że to słońce obraca się wokół ziemi. Natomiast Wtajemniczeni, którzy wiedzą, że to ziemia obraca się wokół słońca, przyjmują odwrotny punkt widzenia: umiejscawiają się na słońcu, postrzegają wszystko ze słońca i widzą prawdę.

Powiecie: „Ależ my wszyscy wiemy, że to ziemia obraca się wokół słońca!". Tak, wiecie to teoretycznie, lecz w praktyce postępujecie tak jakby to słońce obracało się wokół ziemi. Dlatego powtarzam wam: „Dopóki nie spróbujecie odnaleźć centrum, waszego centrum, które jest boską częścią was samych i nie będziecie tam żyć, stamtąd spoglądać i z niego działać, nie znajdziecie prawdy i wszystko będzie się wam pojawiać w fałszywy sposób".

Jeżeli mnie nie rozumiecie to dlatego, że nie wiecie, iż w człowieku również znajdują się ziemia i słońce. Ziemia to jest brzuch i instynkty, a słońce to jest mózg, inteligencja. Na nieszczęście ludzie od wieków schodzili do poziomu brzucha, nie zwracając uwagi na to, że widzenie życia poprzez brzuch oznacza życie zmysłowo-materialne. Cała reszta nie ma dla nich żadnego znaczenia. Dlatego na takie trudności natrafia obecnie ten, który próbuje doprowadzić wszystko do innego centrum: głowy, inteligencji, światła, jednym słowem punktu widzenia heliocentrycznego! Jak to uczynić, aby ludzie zrozumieli, że wnikając w centrum systemu słonecznego odkrywają równocześnie własne centrum, wokół którego wszystko powinno krążyć? Jak długo bowiem człowiek chce przebywać w domniemanym centrum własnego istnienia, krąży w rzeczywistości wokół innych rzeczy niż wokół siebie samego, dlatego jest niespokojny, dręczony i nie może odnaleźć prawdy.

Użyję wszystkich środków, wszystkich argumentów, wszystkich umiejętności, którymi dysponuję, aby was poprowadzić w kierunku olśniewającej prawdy: powinniście pracować nad tym, żeby najpierw znaleźć centrum naszego systemu – słońce, źródło, z którego wytryska życie, a później na planie duchowym, Tego, który jest największy, najbardziej potężny: Boga, celem związania z waszym własnym centrum, które jest waszą iskrą, waszym wyższym Ja, gdyż jedynie w takiej chwili odnajdziecie się wreszcie w was samych, odkryjecie prawdę. Żyjecie pośród iluzji i udręk, ponieważ nie zdołaliście odkryć waszego centrum, nie krążycie wokół niego, nie stopiliście się z nim. To, co wami jeszcze rządzi to są wasze pragnienia, wasze kaprysy, wasze pożądania, to wokół nich krążycie. A więc nie, odtąd to one powinny krążyć wokół was być wam posłuszne poddać się wam. Jeśli będziecie uganiać się za tym, aby je usatysfakcjonować, nie tylko nie dotrzecie do celu, ale wszystko stracicie. To one powinny wam służyć, pracować dla was, którzy jesteście centrum, głową, panem waszego własnego królestwa.

To, co się liczy, co jest ważne w tej chwili, to zmiana waszego punktu widzenia. Zamiast narzekać: „Ach! Jeszcze do tego wychodzić z łóżka, żeby oglądać wschód słońca! a do czego mi to potrzebne, mój Boże? Mój mózg jest zablokowany, nie mogę medytować"; teraz, gdy znacie już te wszystkie odkryte skarby, obudzicie się rankiem inaczej usposobieni.

Aby to było bardziej zrozumiałe, mogę jeszcze objaśnić stronę z księgi żywej natury.

Kiedy obserwuje się ludzi widzi się, że są instynktownie popychani do wspinania się po drabinie społecznej, aby górować i brać na siebie odpowiedzialne zadania. Dlatego są oni zmuszeni przechodzić pewne egzaminy, a kiedy się już wypróbowało ich zalety, wybiera się ich na najwyższe stanowiska. Dlaczego jednak nie spostrzegli, że dokładnie to samo zachodzi w dziedzinie duchowej? Wtajemniczeni, prawdziwi uczniowie wiedzą dobrze, że na planie duchowym dla obserwowania sposobu rozwiązywania problemów, które życie im podsuwa, istnieją inne zespoły jury, inni egzaminatorzy, oni więc wewnętrznie pracują i jeśli odnoszą sukces, przyznaje się im wyższe miejsca i możliwości o większym zasięgu. Im bardziej postępują we wspinaniu się, aby zbliżyć się do szczytu doskonałości, tym więcej Niebo im daje dyplomów, powierza im ważne stanowiska i pewnego dnia otrzymują wszystkie moce, zarządzają nawet siłami natury, ale zawsze na rzecz dobra.

Zamiast chcieć konkurować z innymi, aby otrzymywać stanowiska prefekta, ministra czy prezydenta pracujcie, abyście się wznieśli wewnętrznie, by odnaleźć słońce. Im bardziej kochacie i rozumiecie słońce, tym bardziej się wznosicie aż po najwyższe stopnie waszej istoty i zbliżacie do szczytu. Przedstawiając to inaczej, szczyt to jest właśnie centrum, ponieważ rzut geometryczny stożka jest kołem z punktem centralnym. Zatem gdybyście zmierzali do centrum waszego koła, waszej duszy, waszego ducha, czy wznosili się aż do szczytu, aż do słońca, to jest ta sama droga, lecz inaczej wyrażona i dobrodziejstwa, które otrzymujecie są te same: pokój, jasność, siła, miłość…

4

Słońce żywiciel

Części 1

Słońce jest ojcem wszystkich planet, które z niego się wywodzą; zatem wszystko, co istnieje na ziemi jako elementy chemiczne, substancje mineralne czy roślinne, znajduje się już na słońcu w stanie subtelnym, eterycznym. Trzeba postawić pytanie, w jaki sposób koncentrując się na słońcu możemy wszystkie te elementy, których potrzebujemy dla naszej równowagi i naszego zdrowia, przyswoić w ich pierwotnej czystości. Ponieważ szuka się wyłącznie środków leczniczych na dole, na planie fizycznym, nie czyniąc przy tym żadnych wysiłków, żeby się wznieść, nie zdobywa się niczego na planie duchowym.

Przy najmniejszej niedyspozycji, większość ludzi połyka dużą ilość leków. Naturalnie elementy, które wchodzą w skład tych lekarstw pochodzą ze słońca, gdyby jednak się zrobiło wysiłek przyjęcia tych elementów na planie eterycznym, u źródła, dałoby to o wiele większą korzyść. To właśnie te subtelne elementy, których nie zna jeszcze medycyna, gdyż są zbyt nieuchwytne, są ważniejsze niż te, które zostały odkryte do tej pory.

Oficjalna medycyna przyznaje obecnie najważniejszą rolę gruczołom dokrewnym. Nie, to jest błąd. Na planie astralnym i mentalnym istnieją w rzeczywistości inne czynniki, które uaktywniają i kierują funkcjonowaniem gruczołów dokrewnych. Jeśli jeden z tych gruczołów wydziela hormony w ilości zbyt nikłej lub zbyt dużej, wywołuje to anomalie w organizmie, jednak musi istnieć gdzieś tego przyczyna. I gdzie się ona znajduje? Awięc właśnie na planie astralnym i mentalnym. Te dwa rejony, gdzie się tworzą uczucia i myśli nie są jeszcze zbadane ani opanowane, lecz stamtąd wysyłane są elementy, które później zakłócają pracę innych narządów: gruczołów dokrewnych czy systemu nerwowego, układu sympatycznego, czy gruczołów limfatycznych... Należy więc szukać o wiele, wiele wyżej przyczyn chorób i sposobów ich leczenia. Stopniowo nauka je odkryje.

Nie tak dawno jeszcze mówiono: „Jeśli weźmiecie tyle a tyle białka, tyle a tyle tłuszczów, tyle a tyle węglowodanów, tyle a tyle soli mineralnych... będziecie mieć kalorie, które wam dadzą tyle a tyle energii”. I uważało się, że kalorie były wszystkim, aż po dzień, kiedy odkryto, że istniały elementy bardziej subtelne i nieuchwytne: witaminy. Więc nie mówiło się już o niczym poza witaminami i wszyscy objadali się witaminami. Wtajemniczeni nie mają potrzeby przyjmowania witamin: poprzez pracę duchową dochodzą do pobierania innych elementów znacznie bardziej subtelnych i skutecznych, które się zajmują prawidłową regulacją organizmu, włącznie z przyswajaniem samych witamin. Obecnie odkryto hormony, ale nie powiedziano jeszcze na ten temat ostatniego słowa.

Ostatnim słowem – jak wam powiedziałem – są myśli i uczucia, ponieważ są one siłami, które uruchamiają pewne narządy działające na organizm, na gruczoły dokrewne, system nerwowy itd. I zgodnie z ich właściwościami, myśli i uczucia wytwarzają harmonię albo nieład. Niektórzy badacze pracują obecnie nad tym, lecz się ich nie słucha. W przyszłości lekarze zaadoptują oficjalnie ich teorie: będzie się studiować jedynie czynniki subtelne, którymi są myśli i uczucia, stworzy się nowe gałęzie nauki z laboratoriami i specjalnymi technikami i wszyscy będą musieli przyznać, że Wiedza ezoteryczna miała solidną i wiarygodną podstawę.

Powiem wam teraz jak możecie odbierać te cząstki eteryczne, które słońce wysyła o poranku. To bardzo proste, nie trzeba nawet wiedzieć, które elementy przywrócą wam zdrowie, to nie ma żadnego znaczenia. Musicie jedynie starać się wznieść poprzez myślenie do rejonów najbardziej subtelnych: tam wystawiacie się na działanie słońca, wyczekujecie..., a następnie wasza dusza i wasz duch – ponieważ są bardzo kompetentnymi chemikami i lekarzami, którzy znają dokładnie naturę wszystkich substancji eterycznych – wychwytują te, które są niezbędne, odrzucając resztę. Oczekujecie z miłością, w pokorze, radości, zaufaniu... i kiedy jakiś czas potem wracacie, czujecie, że coś się w was uzdrowiło, uspokoiło, wzmocniło.

Mało ważne jest więc w tej chwili to, że nie znacie natury tych elementów. Ja mogę wam o nich powiedzieć w kilku słowach to, że się znajdują w pranie. Prana jest żywą siłą, jest witalnością, która pochodzi ze słońca, którą się wdycha wraz z powietrzem i wchłania przez wszystkie swoje komórki. Pranę można porównać do wody, która spływa do rzeki z wysokich gór i zawiera w sobie liczne odżywcze elementy dla ryb, a także dla zwierząt i ludzi żyjących nad jej brzegami. Prana jest rzeką, która spływa ku nam aż ze słońca, a przez oddychanie i medytację powinniśmy czerpać jej elementy, gdyż są one nam potrzebne.

Ci, którzy wolą tylko otwierać usta, by połykać pigułki, powinni wiedzieć, że jest to rozwiązanie dla nich szkodliwe i niekorzystne, gdyż powstrzymuje rozwój ich woli, zresztą przynosi jedynie przejściową ulgę i pozorną poprawę, zamiast głębokiej i trwałej. Ja nie mówię, że nie należy brać lekarstw, lecz nie róbcie tego bez przyswojenia wcześniej żywotnych, duchowych elementów, które są w pranie, gdyż ten potrzebny wam psychiczny i duchowy wysiłek umacnia waszą wolę; nawiązujecie wówczas łączność z rejonami duchowymi, ożywiacie, stymulujecie i uruchamiacie pewne ośrodki, które przygotowują teren, a gdy przyjmujecie potem lek fizycznie, skutek jest o wiele silniejszy i trwalszy.

Ja polecam więc obydwa: lek farmakologiczny i lek duchowy, lecz daję pierwszeństwo stronie duchowej. Naturalnie mówiłem wam, że lekarstwa zawierają substancje roślinne i mineralne, które pochodzą ze słońca i jeśli Bóg złożył te elementy w przyrodzie, to dobrze jest się nimi posługiwać, co do tego nie ma wątpliwości. Uważać jednak, że w nich wszystko już jest i że tylko one mogą postawić was na nogi jest postępowaniem zaprzeczającym Wiedzy ezoterycznej.

Powiecie: „Tak, lecz te cząsteczki, które się zbiera podczas wschodu słońca są nieuchwytne, nie mogą więc być aż tak skuteczne". To prawda, one są nieuchwytne, lecz kwintesencja, którą słońce wysyła do wszechświata jest najbardziej żywa. Ten fakt, który odkryła medycyna homeopatyczna, że bardziej rozcieńczone dawki są często skuteczniejsze niż dawki wysoko skondensowane dowodzi prawdziwości tego, co wam mówię. Dlaczego by nie wchłaniać tych bardzo rozcieńczonych, nieuchwytnych cząsteczek, swego rodzaju witamin o naturze bardzo subtelnej, które przynoszą promienie słońca?

Ze słońca można również czerpać inne energie niż te, którymi możemy się posłużyć przy wytwarzaniu elektryczności czy ogrzewania. Energia słońca, jeśli umiemy ją wychwycić, może nam dać witalność i zdrowie, ale także pokój, inteligencję, miłość... Tą filozofią wyprzedzamy ludzkość o wiele wieków. Zresztą niektórzy mi to już powiedzieli: „Posiadając takie idee, wyprzedza Pan wiele wieków". To prawda, że to, o czym my dzisiaj myślimy, świat rozważy w przyszłości.

Części 2

Posiadamy ciało fizyczne, którego komórki odnawiają się co siedem lat. Oczywiście można sobie postawić pytanie: dlaczego wciąż mamy te same złe nawyki, te same słabości, te same choroby mimo, że dokonuje się odnowienie? Dlatego, że nowe komórki są pod wpływem wzorów już wpisanych w żywą substancję naszej istoty i są zmuszone poddać się starym wytycznym. Oto, dlaczego nowe komórki nie powodują zmiany naszego temperamentu, nie odpędzają naszych słabości.

Można porównać to zjawisko do funkcjonowania administracji czy fabryki. Od czasu do czasu z powodu choroby, starości, czy śmierci trzeba zastąpić niektórych członków personelu i powołuje się wtedy nowych, młodszych pracowników, posiadających więcej wigoru. Lecz by pracować zobowiązani są oni do przystosowania się do tego, co wykonywali pracownicy, którzy pracowali tu wcześniej. Więc nawet, jeśli osoby są nowe ich zajęcia pozostają te same. Tak dzieje się również z nowymi komórkami naszego ciała, które otrzymujemy poprzez różne nasze aktywności: odżywianie, oddychanie, rozważanie, odczuwanie, itd. Dlatego jeśli chcemy, aby nasze nowe cząsteczki były naprawdę nowe i przynosiły nowe efekty, trzeba im nadać inne ukierunkowanie, odcisnąć w nich inny wzorzec, a ja wam już przedstawiłem pewną ilość ćwiczeń jak to osiągnąć.

W rzeczywistości, aby odnowić materię waszego organizmu najbardziej skuteczną metodą jest wiedzieć jak pracować ze słońcem i wyjaśnię wam jak to zrobić. Każdego ranka jesteście przed słońcem, które wysyła wszędzie w przestrzeń świetliste cząsteczki o bardzo wielkiej czystości. Co wam, zatem przeszkadza koncentrować się na tym, aby usuwać z waszej natury fizycznej i psychicznej stare, zużyte, słabe i chorowite cząsteczki i zastępować je nowymi, które pochodzą ze słońca? Oto ćwiczenie najbardziej pożyteczne, które możecie robić o wschodzie słońca: poprzez wasze myślenie, waszą wyobraźnię, próbujcie przyjmować te boskie cząsteczki i umieszczać je w sobie... w ten sposób stopniowo zregenerujecie całkowicie materię waszej istoty; dzięki słońcu, będziecie myśleć i działać jak syn Boga.

Choroba to nic innego, niż nagromadzenie w organizmie obcych substancji i żeby wyzdrowieć, musicie je odpędzić. To jest ta prawdziwa koncepcja zdrowia: oczyszczanie! Jeśli jest to tak ważne, aby wiedzieć jak zebrać rano cząsteczki, które przynosi nam słońce, to dlatego, że jedynie one nie powodują w nas żadnego zakłócenia, żadnej nieczystości. Wszystko, co jecie, pijecie, czym oddychacie, pozostawia zawsze jakiś odpad i to jest nieuniknione. Jedynie promienie słoneczne są utworzone z substancji, która nie pozostawia odpadków. Dlatego trzeba się uczyć odżywiania tym najwyższym elementem, jakim jest światło.

Jeśli zapytam ile czasu człowiek może pozostawać bez jedzenia, odpowie mi się: „czterdzieści, pięćdziesiąt, sześćdziesiąt dni…". A ile czasu bez picia: „Dziesięć, piętnaście dni…". Ile czasu bez oddychania: „Jedynie kilka minut". Jest to więc oczywiste, że dla człowieka pokarm stały (który odpowiada ziemi) jest mniej ważny niż pokarm płynny (który odpowiada wodzie), a pokarm płynny jest mniej ważny niż pokarm gazowy. A jeśli teraz zapytam ile czasu może człowiek pozostawać bez ognia, odpowie mi się: „Ależ lata!". Są ludzie, którzy spędzają całe lata bez ogrzewania, są też tacy, którzy nigdy w życiu go nie posiadali!". W rzeczywistości nie chodzi o ten ogień, lecz o ogień, który jest w człowieku, a gdy traci on ten ogień, w tej samej sekundzie umiera. Tak, w chwili, gdy serce traci swoje ciepło, człowiek traci życie. Ogień jest więc w człowieku elementem najważniejszym, dlatego powinien uczyć się jak się nim odżywiać i jak w sobie go ochraniać.

A oto pewna nowość. Ludzie przyzwyczaili się odżywiać jedynie elementami stałymi, płynnymi, gazowymi, ale co robią z czwartym elementem – ogniem, światłem? Niewiele, nic. Ludzie nie potrafią odżywiać się światłem, które jest im jeszcze bardziej niezbędne niż powietrze. Dlatego wszyscy ci ludzie, którzy nas krytykują i wyśmiewają, ponieważ udajemy się rano na wschód słońca, dowodzą, że są ignorantami, powiem nawet, że są głupcami! Jesteśmy obecni przy wschodzie słońca, ponieważ żywimy się światłem i zamiast żartować z nas, lepiej żeby się tym zainteresowani i robili to samo. Człowiek ma potrzebę odżywiania się światłem, aby nakarmić swój mózg. Mózg chce także się nim karmić!..., a światło jest jego pożywieniem: to ono budzi zdolności, które umożliwiają człowiekowi wnikanie w świat duchowy. Dopóki człowiek się zadowala odżywianiem swojego mózgu cząsteczkami stałymi, płynnymi i gazowymi, które nie są tymi, których najbardziej potrzebuje, pozostaje bardzo ograniczony w swoim rozumieniu. On być może zrozumie rzeczy ziemskie, lecz nie zdoła pojąć misteriów wszechświata.

Powiecie: „Tak, ale jedząc, pijąc, odżywia się także i mózg". To prawda, lecz tylko jego część najmniej subtelną, gdyż mózg, który jest organem hierarchicznym, złożony jest z wielu stref: jedne z nich mieszczą w sobie ośrodki, które umożliwiają radzenie sobie w realnym świecie materialnym i intelektualnym, inne są zdolne do nawiązywania kontaktu z rzeczywistym światem duchowym, światem boskim. Jeśli nauczycie się odżywiać wasz mózg tym subtelnym elementem, jakim jest światło, rezultaty będą odmienne. Tradycja podaje, że pewnego dnia Zaratustra zapytał boga Ahura-Mazda czym się odżywiał pierwszy człowiek, Ahura-Mazda odpowiedział mu: „Jadł ogień i pił światło".

Powiecie: „Tak, lecz aby zastąpić wszystkie nasze stare cząsteczki nowymi trzeba by może wieków?". Nie, możecie przyśpieszyć tę przemianę przez siłę waszej miłości. Im więcej kochacie światło, ty więcej przyciągacie go do siebie.

Większość ludzi ma wobec słońca postawę równie nieświadomą jak wobec pożywienia. Nie troszczą się o swój sposób jedzenia. Nawet, jeśli w czasie posiłku rozmawiają, gestykulują, kłócą się, mówią sobie, że organizm sam się zajmie przyjmowaniem i doborem elementów niezbędnych do jego dobrego funkcjonowania. I to jest prawda, organizm się tym zajmuje, ale nie wiedzą tego, że pożywienie zawiera siły i elementy subtelne, pochodzące z przestrzeni, których otrzymywanie możliwe jest jedynie poprzez świadome odżywianie. Elementy, które przynależą do planu eterycznego, planu astralnego i nawet do planu mentalnego mogą nam pomóc ulepszyć nasze myśli, uczucia i całe nasze postępowanie. Tak, ale raz jeszcze przypomnę, że pod warunkiem, iż się wie, jak jeść świadomie i inteligentnie.

I to jest naprawdę to, co się dzieje, gdy się jest obecnym przy wschodzie słońca. Jeśli już tam jesteście, siedzicie wobec słońca, ale wasze myśli są zajęte czymś innym otrzymacie zawsze pewne dobrodziejstwa fizyczne jego ciepła i jego światła, lecz nie otrzymacie elementów bardziej subtelnych, które mogą wam pomóc w rozwoju duchowym. Jeśli jesteście świadomi, że słońce przenikając swoimi promieniami przekazuje wam swoje życie, swoją miłość, swoją mądrość i piękno, przygotowujecie się, aby je przyjąć, otwieracie w sobie tysiące bram, przez które te promienie mogą wejść i złożyć swoje skarby i właśnie w ten sposób napełniacie całą swoją istotę dobrodziejstwami słońca.

Oto, dlaczego jest tak ważne, by być świadomym tego, co reprezentuje słońce. Tylko w taki sposób możecie otrzymywać elementy, które pomogą wam zgłębić prawa i tajemnice natury, zakosztować pokoju i dobra.

5

Splot słoneczny

Światło, ciepło i życie, które znamy są tylko niższym aspektem prawdziwego światła, prawdziwego ciepła i prawdziwego życia. Za światłem słońca istnieje światło Boga, lecz my nie możemy go poznać, tym bardziej nie możemy poznać jego ciepła, jego miłości, czy jego życia, to znaczy najintensywniejszego stopnia jego życia. Bóg jest niepoznawalny, nieuchwytny, ale i równocześnie On nas niemal dotyka, ale w formie bardzo oddalonej, bardzo niedoskonałej. Nie należy sobie wyobrażać, że światło słońca jest prawdziwym światłem Boga. To jest odbicie prawdziwego światła. Tego innego światła nie możemy ani poznać, ani rozumieć; jest tak subtelne i tak potężne, że jawi się nam tylko jako ciemność, jak też i wielu innym duchom bardziej rozwiniętym od nas.

W Wiedzy inicjacyjnej jest powiedziane, że są to ciemności, które wytworzyły światło. Na początku był chaos, materia niezorganizowana: „hyle" jak ją nazywają Grecy. Ten chaos jest przedstawiany jako koło, zero. Symbolicznie koło jest nieskończonością, materią nieożywioną. Podobne pojęcia bardzo trudno jest zrozumieć; intelektualnie jest to prawie niemożliwe, dlatego nie udaje się to filozofom i uczonym, którzy chcą pojąć wszystko intelektualnie. Od strony teoretycznej tak, można, mózg jest do tego zdolny. Ale naprawdę rozumieć rzeczy, to znaczy je odczuwać, próbować i je przeżywać, nie jest to dane mózgowi.

Zresztą mówi się często, że to właśnie serce rozumie i mówi się o inteligencji serca. Nawet Ewangelie czynią aluzje do serca jako organu rozumienia. Ale, o jakie serce chodzi? Uważa się, że chodzi o serce fizyczne, organ, który rozsyła krew. Nie, prawdziwym sercem, sercem inicjacyjnym jest splot słoneczny: to on czuje, rozumie, ogarnia wielkie prawdy kosmiczne. Mózg potrafi jedynie trochę rozprawiać, pisać, mówić i twierdzić, nie posiadając nawet jasnego pojęcia o rzeczy. Zobaczcie jak się to dzieje w obecnym świecie, świecie piątej rasy: wyjaśnia się, mówi, pisze, lecz w rzeczywistości niczego się nie zrozumiało, ponieważ używając jedynie mózgu nie można mieć doskonałego zrozumienia. Należy przeżywać sprawy, żeby je rozumieć, trzeba je przeżywać całą swoją istotą.

Splot słoneczny kieruje wszystkimi funkcjami ciała fizycznego; od niego uzależnione jest oddychanie, wydalanie, krążenie, odżywianie, wzrost. Splot słoneczny sprawia też, że człowiek może się wiarygodnie łączyć z wszechświatem, ponieważ splot słoneczny jest całkowicie powiązany z kosmosem, co nie zachodzi w przypadku mózgu. W rzeczywistości łączność ta mogłaby być nawiązana, lecz mózg nie jest jeszcze dostatecznie do tego rozwinięty, ponieważ jest on tworem bardzo nowym; splot słoneczny jest tworem o wiele starszym i to on wykreował mózg i go zasila. Tak, mózg jest wytworem splotu słonecznego, jest jego dzieckiem, dlatego splot słoneczny go odżywia, zasila, wysyła mu wsparcie, a kiedy przestaje wysyłać człowiek usypia, staje się przytępiony lub boli go głowa, nie może więcej myśleć.

Mózg nie jest oddzielony od splotu słonecznego, lecz jeśli nie może zawsze udzielać mu dobroczynnego wsparcia, to dlatego, że nie potrafi jeszcze z nim się połączyć. Już wam wyjaśniłem, że splot słoneczny jest odwróconym mózgiem, gdyż w mózgu substancja szara jest na zewnątrz, a substancja biała, wewnątrz, więc w splocie słonecznym substancja szara jest wewnątrz, a substancja biała na zewnątrz. Powiedziałem wam także, że to substancja szara sprawia, że myślimy, natomiast substancja biała pozwala odczuwać.

Dzięki substancji białej, która jest na zewnątrz, splot słoneczny odczuwa wszystko, co się dzieje w człowieku, we wszystkich jego komórkach; dlatego trudzi się on bez przerwy przywracaniem równowagi. Podczas gdy mózg nie czuje niczego, chyba, że się coś złego dzieje i wszystko jest zablokowane, ale on nie wie jak temu zapobiec. Na przykład, jeśli wasze serce bije zbyt szybko lub zbyt wolno, albo, jeśli macie bóle żołądka, mózg nie jest w stanie zrobić tego, co należy. Zresztą to nie zależy od niego. Podczas gdy stworzycie dobre warunki do normalnego funkcjonowania, splot słoneczny wszystkiemu zaradzi. Posiada on wspaniałą aptekę, której sobie nawet nie możecie wyobrazić; jako że jest w kontakcie ze wszystkimi organami, ze wszystkimi komórkami, wie, co się dzieje i może interweniować. Jest on o wiele lepiej wyposażony niż mózg, ale wszystko to nie jest jeszcze dobrze wyjaśnione, nawet w wiedzy medycznej.

Mózg rozwinął się bardzo późno u zwierząt i u ludzi; na przykład nawet mózg mrówek jest lepiej zorganizowany niż mózg człowieka, gdyż mrówki są starsze od niego. Jeśli porównuje się mózg mrówek z mózgiem człowieka jest się zdumionym widząc jak zdołały zorganizować tak mały mózg. Mózg człowieka nie jest jeszcze dobrze zorganizowany, ale nastąpi to później, gdyż ma on misję rejestracji całokształtu wiedzy i podjęcia zadziwiających realizacji. Ale powtarzam: tym, który kieruje, zarządza i od którego wszystko zależy, jest splot słoneczny wraz z położonym nieco niżej centrum Hara, gdyż pozostają one w powiązaniu.

Ludzie Zachodu są na drodze wyniszczania się, ponieważ cała ich aktywność umiejscowiona jest w mózgu: studia, kalkulacje, kłopoty itd. Ale jako że nie jest przygotowany, żeby wytrzymać wielkie napięcia, wynika obecnie z tego wiele chorób nerwowych, gdyż mózg jest przeciążony. Jeśli ludzie Zachodu wiedzieliby jak rozdzielić pracę między splotem słonecznym a mózgiem nie byliby nigdy zmęczeni. Dlaczego? Ponieważ splot słoneczny nigdy się nie męczy, jest rezerwuarem prawie niewyczerpanym. Jednak człowiek, który pędzi życie nieuporządkowane, przeszkadza w działaniu splotu słonecznego, czuje się on zablokowany, tłumiony, osłabiony nerwowo. Ten, kto nie żyje prawidłowo jest na drodze rujnowania najważniejszego czynnika, od którego zależy cała reszta jego organizmu.

W starych traktatach alchemicznych, jest mowa o pewnym rodzaju oleju czy ekstraktu, który posiadał cudowne właściwości: dawał zdrowie, inteligencję, piękno, wiedzę... w rzeczywistości wszystkie istoty żywe: rośliny, zwierzęta, ludzie, mogą wydestylować ten ekstrakt. Nazywano go w różny sposób: prawdziwy sok, prana, eliksir nieśmiertelności... Inni nazywali go magnetyzmem. To o tym ekstrakcie mówił Jezus, gdy powiedział: „Z jej wnętrza wypłyną źródła żywej wody". I gdy człowiek się pożywia, gdy oddycha (gdyż w powietrzu jest rozproszony ekstrakt pochodzący ze słońca, który możemy wychwycić przez oddychanie), i nawet, kiedy myśli, stara się zaczerpnąć tego ekstraktu, tego olejku eterycznego.

Otóż mówiłem wam, że ten ekstrakt się znajduje wszędzie. Rośliny czerpią go z ziemi, z powietrza, z promieni słonecznych, dzięki niemu wytwarzają one sok. Sok roślinny jest symbolem tego żywotnego soku, który w nas płynie. Gdzie płynie? Właśnie w splocie słonecznym. Czasami, gdy jesteście niespokojni, niezadowoleni, niecierpliwi, jeśli jesteście wystarczająco wrażliwi, żeby obserwować to, co się w was dzieje, stwierdzacie, że coś się rozproszyło w waszym splocie słonecznym. Splot słoneczny jest naczyniem, które przechowuje żywy magnetyzm i jeśli coś z niego uchodzi czujecie, że stajecie się słabi, niezdolni do działania, skoncentrowania się.

Przeciwnie, kiedy jesteście szczęśliwi, spokojni, odczuwacie rozszerzenie splotu słonecznego coś, co płynie jak źródło. Splot słoneczny jest rezerwuarem sił witalnych, akumulatorem wszystkich energii; jeśli wiecie jak go codziennie napełniać będziecie źródłem, z którego będziecie mogli czerpać w każdej chwili siły, które są wam niezbędne.

I oto właśnie ćwiczenie, które możecie zrobić o wschodzie słońca: kiedy medytujecie światło i ciepło słońca, połóżcie prawą rękę na splocie słonecznym i w ten sposób napełnijcie go siłami i energiami, które wam pozwolą niestrudzenie kontynuować waszą pracę.

6

Człowiek na obraz słońca

Części 1

Kiedy patrzy się na słońce widoczny jest najpierw świetlisty krążek, który ma zawsze ten sam kształt, ten sam wymiar, można obserwować, mierzyć, filmować. To jest jego ciało. Ale gdy chce się studiować to, co z niego emanuje, to światło, które wypływa, które tryska z centrum ku peryferii wie się, czym ono jest i dokąd rozchodzi się w przestrzeni, to jest fantastyczne, to przekracza wyobrażenia.

Człowiek jest zbudowany tak jak słońce: ma określone, niezmienne ciało fizyczne, ale czy zna się to, co z niego wypływa: jego myśli, uczucia, promieniowanie, emanacje? Nie za bardzo... Ludzie mają skłonność do mieszania pewnych pojęć na temat ciała fizycznego; szybko jednak są zmuszeni zrewidować wszystkie swoje koncepcje i uznać, że tylko Wiedza ezoteryczna jest wiarogodna, ponieważ zawsze zdaje sobie sprawę równocześnie z dwóch aspektów rzeczywistości: obiektywnego, wymiernego, materialnego zjawisk, którego nie należy pomijać, ale przede wszystkim z aspektu duchowego, ożywiającego, emanacji i promieniowania, których natury i siły nie zna się jeszcze.

Powiedziałem wam kiedyś: „Planety nas dotykają, słońce nas dotyka... I byliście zdziwieni. Jednak to jest prawda, słońce dotyka nas z oddali swymi promieniami. A my, którzy jesteśmy zbudowani w taki sam sposób jak słońce, mamy siłę przez nasze myśli, przez naszą duszę i naszego ducha, które nas rozciągają bardzo daleko poza granice ciała fizycznego. Tak samo jak słońce działa na metale, planety, zwierzęta, ludzi, jak przenika, ogrzewa i odżywia, tak samo przez nasze emanacje możemy na odległość przemieniać, polepszać, oświetlać i ożywiać stworzenia.

Ale pójdźmy jeszcze dalej: ten świetlisty krążek, który widzimy na niebie tak doskonale określony, to jest ciało słońca. Promienie, które z niego wychodzą, są to jego myśli, jego dusza, jego duch, które odwiedzają peryferie, żeby rozprowadzać wszędzie bogactwo i obfitość. A kiedy się już wyczerpią powracają ku słońcu, żeby się ponownie naładować i następnie powrócić, by odwiedzić w przestrzeni inne stworzenia.

W naszym ciele fizycznym reprezentantem słońca jest serce; ma te same funkcje, tę samą niestrudzoną aktywność i bez przerwy – nawet, kiedy wszystkie inne organy trochę odpoczywają – kontynuuje pracę, ponieważ ma tylko jeden cel: pomóc, podtrzymać, odżywić, zbudować, naprawić. Nie myśli o niczym innym jak tylko o tym, żeby dawać, być obiektywnym, szlachetnym i pełnym miłości, ale ludzie nie spostrzegli tego, że posiadają w ciele fizycznym organ – serce, które jest reprezentantem słońca.

Te promienie, to światło, które wysyła słońce, odpowiadają więc krwi: tak jak ono są wypełnione wszystkim, co jest pomocne, użyteczne, korzystne i zbawienne dla wszystkich stworzeń wszechświata. Kiedy krew przejęła substancje odżywcze, wzmacniające, niosące wyzdrowienie, wzięła na wymianę wszystkie nieczystości. Ale one nie powracają bezpośrednio ku słońcu, ku sercu, najpierw przechodzą przez płuca wszechświata, żeby tam uwolnić się z nieczystości. Planetą, która odgrywa rolę płuc jest Jowisz. Astrologia przypisuje tę rolę bardziej wątrobie, ale wątroba wypełnia takie same funkcje w innej dziedzinie: ona także usuwa i oczyszcza organizm z trucizn. W Bułgarii mówi się na wątrobę: „czeren drob", co można przetłumaczyć jako czarne płuco, a na płuca mówi się: „bjeli drob", „białe płuca". Widzicie, to jest nadzwyczajne porównanie. Te dwie różne dziedziny są obarczone oczyszczaniem.

Dobrze, że astrologia przypisuje zazwyczaj Jowiszowi wątrobę, ja przypisuję ją raczej Saturnowi. Tu mitologia może pomóc nam zrozumieć ich powiązanie. Dawniej Jowisz znajdował się w wątrobie a Saturn w płucach, ale kiedy Jowisz zdetronizował swego ojca, posiadł władzę nad płucami i zepchnął Saturna do wątroby. Odtąd Saturn prowadzi życie podziemne w kopalniach, jak wątroba, która pracuje pod przeponą w ciemności, w truciznach.

Zostawmy jednak to wszystko i powróćmy do słońca. Zatem światło, które pochodzi od słońca to jego krew. Kiedy promienie słoneczne zostaną raz użyte przez planety i niezliczone istoty wszechświata – ponieważ przestrzeń jest zamieszkała przez miliardy stworzeń, które otrzymują te promienie i mogą się nimi odżywiać – ciemnieją, tracą swoje światło, swoje ciepło; kierują się do Jowisza, który je oczyszcza – Księżyc i Saturn także uczestniczą w tym oczyszczeniu – i w końcu powracają do słońca. Potem znowu, wypełnione siłami miłości, mądrości i prawdy, przesyłane przez słońce powracają w przestrzeń.

To krążenie działające w systemie słonecznym jest żywym organizmem funkcjonującym dzięki słońcu, jest tym sercem, które bije i nieustannie odżywia. Dlatego serce zostało uznane za obiektywny i bezinteresowny symbol miłości: ponieważ zajmuje w człowieku miejsce słońca. To właśnie pragnienie miłości czyni słońce tak świetlistym i ciepłym. Pozbawcie kogoś miłości, dobra i pragnienia niesienia pomocy ludziom, a jego twarz stanie się ponura i posępna. Popatrzcie na człowieka, który wybiera się do chorego i nieszczęśliwego przyjaciela, żeby zanieść mu podarunki i słowa pocieszenia: jego twarz jest piękna, promienna. I przeciwnie, popatrzcie na twarz przestępcy, który zamierza popełnić straszny czyn: jego twarz jest ponura, rozdrażniona, zniecierpliwiona, pozbawiona światła. Powinniście zrozumieć tę wymowę. Im większe jest wasze pragnienie oświecenia, pouczenia innych i niesienia im pomocy, tym bardziej wzrasta w was światło, rozszerza się aż do utworzenia wokół was niezwykłej, promienistej i świetlistej aury. To właśnie słońce posiada prawdziwe kryteria miary i praw absolutnych. Dlatego ja nie staram się czerpać nauki z książek, bo prawdziwą książką jest dla mnie słońce.

A teraz nie bądźcie zdziwieni, że słońce, które daje i promienieje od miliardów lat nie wyczerpuje się... Nie wiecie, że w bożej miłości istnieje prawo, według którego im więcej dajecie tym bardziej jesteście napełniani. Nie ma pustki we wszechświecie. Z chwilą, kiedy wytwarza się pustka, równocześnie coś ją wypełnia. To prawo działa we wszystkich planach. Jeśli to, co dajecie jest świetliste, promienne, dobroczynne, otrzymujecie z innej strony elementy tej samej wartości, tej samej świetlistej i promiennej treści. Jeśli jednak emanuje z was nieczystość, natychmiast wasz rezerwuar wypełnia się nieczystościami.

Słońce jest niewyczerpane, ponieważ jego pragnieniem jest dawanie, ono się napełnia. Wysyła nam swoje promienie, ale równocześnie bez przerwy otrzymuje od Absolutu nowe nieskończone i niezmierzone energie. Ono daje i rozsyła promienie ku peryferii, ale swoim własnym centrum przyswaja energie od Absolutu. Oto, co wyjaśniło mi pewnego dnia: „Jestem bez końca połączone z nieskończonością w Boskości i jako że mam najczystsze myśli i pragnienia, przyciągam także najczystsze i świetliste energie. Uczcie się ode mnie jak stawać się doskonałymi, niewyczerpanymi, niestrudzonymi. Miejcie taki sam cel jak ja, miejcie za ideał upodabnianie się do mnie, pracujcie jak ja i zobaczycie, że jeśli zużyjecie pewne energie dla dobra innych, wkrótce równocześnie poczujecie się napełnieni nowymi energiami". Jak to się dzieje? To tajemnicze, ale jakże prawdziwe! Podczas gdy zużywając energie na zbyt osobisty cel, będziecie musieli długo odzyskiwać zdrowie, odpoczywać, a jeśli na nieszczęście zachorujecie, trzeba będzie może miesięcy czy nawet lat, żeby wyzdrowieć. Stworzenia inspirowane przez najlepsze myśli i najlepsze ideały wracają szybko do zdrowia.

Oczywiście powiecie mi, że trudno jest zrealizować tę wielkość, tę wyższość słońca... Wiem o tym dobrze, ale jeśli z pokolenia na pokolenie ludzie będą się doskonalić, oczyszczać, uduchawiać, powoli otrzymają te same wartości co słońce: będą niestrudzeni, nie podlegający zranieniom, niewyczerpani i zawsze promienni.

Części 2

W Wiedzy ezoterycznej jest powiedziane, że tam, gdzie mieszka Wtajemniczony, żaden zły duch nie ma prawa wniknąć. Wtajemniczony może nawet zabronić wejścia do domu posługując się napisem, w którym grozi karą, jeśli nie będzie się respektować zakazu. A kiedy chce wykonać ceremonię magiczną, wielką pracę duchową, przeznacza miejsce i poświęca go, żeby zabronić wejścia złym duchom: otacza miejsce kołem, wpisuje święte nazwy, jest spokojny i może pracować. Prawo wejścia mają tylko wyższe stworzenia, podczas kiedy niższe pozostają na zewnątrz wyjąc i grożąc, a kiedy próbują wejść zostają porażone ogniem.

Kiedy człowiek chce tworzyć, jest podobny do kobiety brzemiennej, albo do matki ptaka, która chce złożyć jaja: potrzebne jest gniazdo albo ciche i ustronne miejsce. W świecie niewidzialnym jest dokładnie tak samo: każdy duch ma swoje miejsce zarezerwowane dla niego w przestrzeni, każde duchowe stworzenie zajmuje miejsce określone i chronione przez pewne wibracje, pewne kolory, albo przez szczególny ekstrakt; jest to dziedzina, w której ten, kto posiada przeciwne wibracje nie ma prawa przyjść i zakłócać. Jedynie istoty najwyższe mają prawo wszędzie przechodzić, bo one nigdy nie przeszkadzają.

W miejscach gdzie żyją i mieszkają ludzie, krążą i przechodzą niezauważone miliony i miliardy istot. A więc jeśli nie umieścicie napisu: „Wejście zabronione" to znaczy, jeśli nie poświęcicie waszego domu, niższe stworzenia znajdą otwarte drzwi i przyjdą was okraść; wówczas nie będziecie mogli narzekać na boską sprawiedliwość, która odpowie wam: „To z waszej winy! Trzeba było założyć zamek lub przynajmniej ogłoszenie".

Jak długo wasze serce, wasza dusza i wasz duch pozostają otwarte na cztery wiatry nie będąc poświęconymi, chronionymi, otoczonymi barierą światła, duchy mają prawo wejść, aby zabrudzić, zniszczyć a nawet zabrać wszystkie wasze skarby? Nie można ich winić, do właściciela należy zapobiegliwość. Tak samo jak dawniej ochraniano miasta i pałace za pomocą fos wypełnionych wodą, wałami obronnymi i zwodzonymi mostami, tak samo uczeń powinien wznosić wokół siebie mury, wały obronne i fortyfikacje. Dla ucznia i Wtajemniczonego najlepszą ochroną przeciw wszystkim złym prądom i ciemnym istotom jest aura. Im bardziej jest świetlista i szeroka, a kolory są czystsze, tym lepiej uczeń jest zabezpieczony, ponieważ aura pełni rolę tarczy, pancerza ochronnego, broniącego przed złymi prądami. Ale czy pomyśleliście o pracy nad waszą aurą?... Nie, pozostajecie wystawieni na przychodzenie i odchodzenie tych szkodliwych istot, a potem narzekacie, że jesteście okradani i czujecie się zmęczeni, smutni i nieszczęśliwi.

Popatrzcie na przyrodę wszyscy są ostrożni: ptaki, rośliny, owady, budują wokół siebie ochronę, żeby zapobiec ich znalezieniu i złapaniu. Dlaczego więc człowiek miałby być tak naiwny i łatwowierny, żeby sądzić, iż żaden wróg mu nie grozi i będzie oszczędzony? Miliony istot starają się dzień i noc zgubić rodzaj ludzki i sprzysięgły się, by całkowicie go unicestwić. Na szczęście ludzie mają protektorów! Dzięki nim ludzkość nie jest jeszcze unicestwiona, ale ileż doznaje cierpień i udręk!

Wniosek jest taki, że powinniście pracować nad aurą. Jak? Chodząc rano na wschód słońca zobaczcie jak wspaniała aura otacza słońce, pełna cudownych kolorów i powiedzcie sobie: „Ja także chcę być otoczony najpiękniejszymi kolorami". Zamknijcie oczy i wyobraźcie sobie, iż jesteście otoczeni fioletem, potem niebieskim, zielonym, żółtym, pomarańczowym, czerwonym... Albo zacznijcie od czerwonego, żeby dojść do fioletowego zatrzymując wokół siebie na kilka minut każdy kolor. Kąpiąc się w tym świetle, wyobrażajcie sobie, że promienieje i rozciąga się bardzo daleko i że wszystkie stworzenia znajdujące się w tej atmosferze korzystają z jej dobroczynnego wpływu i że wszyscy, którzy was odwiedzają albo z wami się kontaktują w ten czy inny sposób mogą odbierać te dobrodziejstwa.

W taki właśnie sposób wasza aura służy wam ochroną i równocześnie jest dobrodziejstwem dla innych, ponieważ dzięki niej możecie im pomagać. Powiem wam nawet, że jeśli ktoś, kogo kochacie jest chory, nieszczęśliwy lub załamany, kiedy naprawdę chcecie mu pomóc posyłajcie mu kolory. Tak, ileż ćwiczeń można robić z aurą i kolorami!

7

Duchy siedmiu świateł

Jest napisane w księdze Zohar:

„Siedem świateł znajduje się w Najwyższym,
Tam zamieszkuje Najdawniejszy
z Najdawniejszych,
Tajemniczy z Tajemniczych
Ukryty z Ukrytych:
Ain Sof".

Te siedem świateł są to światła: czerwone, pomarańczowe, żółte, zielone, niebieskie, indygo i fioletowe. Siedem Duchów jest skupionych wokół tronu Boga. Kolory, które wytwarza światło przechodzące przez pryzmat mają także znaczenie symboliczne.

Kiedy patrzy się przez pryzmat na światło słońca odkrywa się wspaniałość i niesłychane bogactwo. Jak to się dzieje, że światło, które jest jedno, przechodzi przez prymat, jako 3, żeby stać się 7? Tak. 1, 3 i 7... Zjawisko to bardzo interesowało mnie od mojej młodości i cieszyłem się widząc, że światło słońca zawiera tyle bogactwa, piękna i czystości.

Zobaczyłem dzięki temu, że istota ludzka tak jak pryzmat jest trójcą. Żeby światło słońca mogło doskonale rozszczepić się na siedem kolorów trzeba, żeby trzy strony przecięcia pryzmatu były przezroczyste i gładkie. Tak samo trzeba, żeby człowiek miał harmonijnie rozwinięty trójkąt, na który składają się: intelekt, serce i wola, aby światło, które przychodzi od Boga, światło słońca, mogło poprzez niego przejść i wyrazić się we wspaniałości siedmiu kolorów.

Tylko uczniowie i Wtajemniczeni, którzy pracowali nad rozwojem swojej inteligencji, którzy ćwiczyli swoje serce, żeby odczuwało i poprawnie działało, którzy stali się silni, ponieważ walczyli i mieli wolę pokonania tego, co jest negatywne, tylko oni potrafią rozszczepić światło na siedem kolorów; ich aura wzrasta w piękne i czystości. Ci, którzy nie rozwinęli w sobie poprawnie tego trójkąta inteligencji, serca i woli, mają w swojej aurze dwa albo trzy kolory; inne są nieobecne. A jeśli na nieszczęście zniekształcają ten trójkąt: ich intelekt staje się przebiegły, podstępny i agresywny, ich serce wypełnione jest nienawiścią, złośliwością, niegodziwością, chęcią zemsty i zmysłowością, a ich wola służy destrukcji i burzeniu. A więc nie tylko że aura nie ma swoich lśniących i żywych kolorów, ale jest pełna okropności i szkaradności.

W Wiedzy inicjacyjnej światło czerwone nazwane jest Duchem Życia. Przez wibracje, które wytwarza kolor czerwony łączy on ludzi z Duchem Życia; dzięki niemu ożywiają się, ich żywotność wzrasta. Ale czerwony ma tysiące niuansów: miłość, zmysłowość, dynamizm, uniesienie, gniew itd.

Drugim Duchem jest Duch Świętości – światło pomarańczowe. Przez kolor pomarańczowy wiążecie się ze świętością. Ten kolor także ma różne niuanse: indywidualizm, wierność, a nawet pychę; inny niuans to polepszenie zdrowia, jeszcze inny przynosi wiarę i wzmocnienie. Ale przede wszystkim pomarańczowy jest kolorem świętości i zdrowia.

Światło żółte, złote, jest Duchem Mądrości, przez swoje wibracje skłania ludzi do czytania, rozmyślania, medytowania, poszukiwania wiedzy, rozsądku i roztropności.

Światło zielone jest Duchem Wieczności i Ewolucji. Zielony jest kolorem wzrostu, rozwoju, ale także bogactwa. Jest powiązany z nadzieją i daje ludziom możliwość rozwoju.

Światło niebieskie jest Duchem Prawdy. Jest powiązane z religią, pokojem, muzyką. Niebieski rozwija muzykalność, uspokaja system nerwowy, uzdrawia płuca i działa pomyślnie na oczy, które są symbolem prawdy.

Światło indygo jest Duchem Siły, Duchem Panowania. Ma prawie takie same właściwości jak kolor niebieski.

Światło fioletowe jest Duchem Wszechmocy boskiej i duchowej miłości, to Duch Poświęcenia. Fioletowy jest kolorem bardzo silnym, który człowieka osłania. Jest to także kolor bardzo mistyczny, subtelny, który pomaga w odwiedzaniu innych światów i pozwala zrozumieć miłość Boga. Nie jest korzystny dla wegetacji.

Kiedy miałem piętnaście lub szesnaście lat pracowałem z kolorami i nie tylko wyobrażałem je sobie i medytowałem, ale malowałem nimi okna w moim pokoju, żeby sprawdzać ich działanie. Zacząłem od czerwonego, potem pomarańczowy itd. Medytowałem w pokoju skąpanym w kolorowym świetle, które przenikało przez szyby i obserwowałem przez kilka dni jak to światło na mnie działa, następnie zmywałem wszystko i przechodziłem do innego koloru. Nie muszę wam mówić, co myśleli o mnie moi rodzice i sąsiedzi! Myśleli, że zwariowałem, ale ja niewzruszenie kontynuowałem studiowanie kolorów. Z fioletem udawałem się w inny świat. Zapraszałem przyjaciół, żeby widzieć jak kolory na nich działają: oni zasypiali, a kwiaty więdły!... Ale fiolet jest kolorem, który bardzo lubię.

Jeśli czerwony kolor aury nie jest ani czysty ani przezroczysty, to znaczy, że człowiek wpadł w złość, pijaństwo albo seksualność; dla każdego z tych złych przyzwyczajeń odcień czerwonego jest różny i jasnowidzący może je dostrzec. Zresztą kolor czerwony był zawsze związany z krwią, z wojną. To jest piękny kolor, ale jego odcień powinien być czysty, połączony z białym, daje wówczas świetlistą czerwień.

Różowy wyraża także odcień miłości; biały wnosi do czerwonego czystość i harmonię, coś łagodnego bez gwałtu i egoizmu; w ten sposób miłość uspokaja się i staje się czuła. Dlatego różowy jest symbolem czułości i delikatności. Radzę komuś, kto ma zbyt wiele witalności i wrażliwości połączyć się z kolorem białym albo znaleźć człowieka, który ma dużo bieli to znaczy, żeby był czysty i prawy; kolory będą wówczas zmieszane i powstanie różowy. W ten sposób przez siłę czerwonego, który człowiek ma w sobie nie będzie on natarczywy i niespokojny. Różowy działa także korzystnie na inteligencję. Mówi się: „Widzieć życie w różowych kolorach", to znaczy być optymistą. Ten, kto widzi życie w różowym kolorze nie ma umysłu zaprzątanego kłopotami albo ciemnymi i smutnymi myślami; życie codzienne jest dla niego przyjemne i jest szczęśliwy.

Można poczynić te same spostrzeżenia dla innych kolorów. Jest niebieski ukazujący człowieka, który stracił wiarę lub nie żyje w prawdzie i pokoju. Jeśli żółty jest nieczysty lub matowy ukazuje człowieka nieodpowiedzialnego lub niezdolnego do zgłębiania i rozumienia; nie można mieć zaufania do jego zdolności intelektualnych. Nie chcę się dziś zastanawiać nad tym problemem, bo mam wam do przekazania inne sprawy. Zapamiętajcie tylko, że siedem Duchów, które zajmują miejsce przed Wiekuistym są to: Duch Życia, czerwony; Duch Zdrowia, pomarańczowy; Duch Mądrości, żółty; Duch Wieczności, zielony; Duch Prawdy, niebieski; Duch Siły, indygo; Duch Świętości, fioletowy.

Jeśli chcecie utworzyć kolor możecie zawsze otrzymać go z dwóch innych kolorów: fioletowy i pomarańczowy dają czerwony; czerwony i żółty dają pomarańczowy; pomarańczowy i zielony dają żółty, itd. Każdy kolor jest dzieckiem dwóch innych, które są jak ojciec i matka; ale jeśli nie wiecie, które pomieszać nie otrzymacie dobrych rezultatów. Dlaczego? Ponieważ między kolorami jest także przeciwieństwo jak i podobieństwo i te przeciwieństwa i podobieństwa odnajdujemy również między planetami, które odpowiadają kolorom.

Kolor czerwony odpowiada Marsowi. Mars jest porywczy, gwałtowny, destruktywny; jest zasadą męską w pełnym tego słowa znaczeniu, ale w dziedzinie określonej, ponieważ Słońce (Słońce nie jest planetą) i Jowisz także mają charakter męski, ale w innej dziedzinie. Kolor zielony odpowiada Wenus. Osoby, u których dominuje czerwony są przyciągane przez te, u których przeważa zielony, ponieważ one się wzajemnie uzupełniają w odcieniach i to jest wspaniałe; ale gdy się zwiążą i połączą spowodują powstanie monstrum.

Niech razem spacerują, rozmawiają, patrzą na siebie, pobudzają się do działania, ale nie łączą się, bo zielony i czerwony pomieszane razem dają kolor brudny. To samo dzieje się z kolorami pomarańczowym i niebieskim: ich pomieszanie jest okropne, ale umieszczone jeden obok drugiego są bardziej ekspresyjne i pobudzające. Kolor niebieski odpowiada planecie Jowisz, a pomarańczowy Słońcu; te dwie planety są pozytywne i dlatego nie powinny zawierać małżeństwa.

Weźmy teraz żółty i fioletowy, których także nie powinno się mieszać. Żółty odpowiada Merkuremu i, według Kabały, fioletowy odpowiada Księżycowi, podczas kiedy najczęściej przypisuje się mu kolor biały. Jeśli więc pozostawi się kolor biały Księżycowi, to Neptunowi przypisze się kolor fioletowy, ponieważ Neptun jest identyczny z Księżycem, ale w skali najwyższej. Tak samo w najwyższej Uran jest identyczny z Merkurym.

Zrozumiecie lepiej ich relację, jeśli umieścicie je na Drzewie Sefirotów.

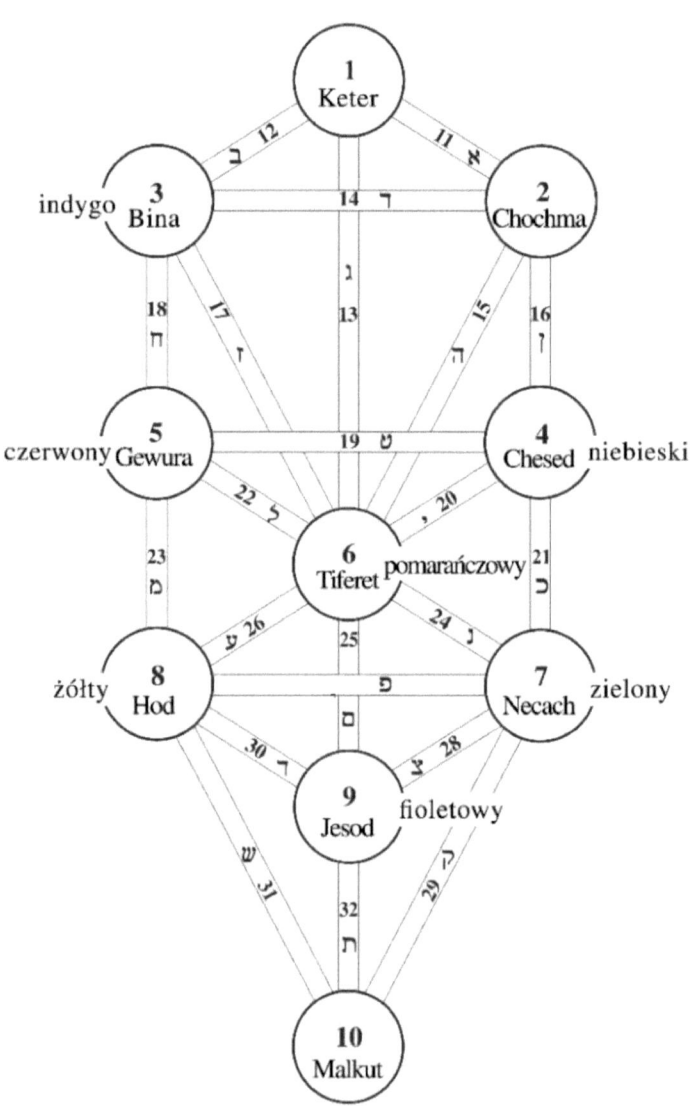

Merkury (Hod) jest przeciwstawny Uranowi (Chochma) i na innej osi, Wenus (Necach) jest przeciwstawny do Saturna (Bina). Na filarze centralnym Księżyc (Jesod) jest w opozycji do Naptuna (Keter). W planie horyzontalnym Marsna (Gewura) na filarze Surowym, przeciwstawia się Jowiszowi (Chesed) na filarze Łaski. Objaśnię wam kiedyś wszystkie te relacje i zobaczycie jak Wenus i Saturn reprezentują prawie tę samą rzeczywistość przejawiającą się w różnych regionach. To zaprzecza być może wszystkiemu, co dotąd dowiedzieliście się, ale na przykład zobaczycie jak na tej samej linii miłości, miłość Wenus staje się inteligencją Saturna i jak na innej linii konkretna inteligencja Merkurego, rozumowania, słowa i interesów staje się w górze mądrością Uranu.

Na temat tych połączeń nie znajduje się jeszcze w książkach wielu wyjaśnień, ale dzięki Niebu wiele z nich zostało mi odkrytych. Sefiroty nie zostały umieszczone przypadkowo istnieją między nimi zależności geometryczne, które są znamienne... Ale to jest dla was zbyt odległe i nawet chwilowo niepotrzebne jest poruszanie tych filozoficznych i abstrakcyjnych kwestii: dzisiaj zastanowimy się tylko pokrótce nad kolorami, żeby móc skutecznie pracować nad waszym rozwojem. Pracujcie zmieniając kolor każdego dnia. Możecie zacząć od czerwonego, który jest najbliższy ziemi i kontynuujcie przez poma-

rańczowy, żółty, zielony... Albo przeciwnie zacznijcie od fioletowego. W ten sposób schodzi-
cie albo wznosicie się, jak chcecie.

Kolor czerwony jest najbliższy ziemi i z tego
powodu podstawa naszej sali jadalnej
i większości naszych budynków jest pomalowa-
na na czerwono, podczas kiedy wyższe części są
pomalowane na niebiesko. Niebo jest niebieskie
a ziemia jest czerwona. W języku hebrajskim
pierwszy człowiek nazywał się Adam, a miejsce
gdzie mieszkał – Eden, ziemia Adama, a kolor
czerwony nazywał się Adom. Czerwony kolor,
ziemia, człowiek i Eden są więc w hebrajskim
słowami utworzonymi z tego samego źródła.
Dlatego w Kabale nazywa się Adama „człowiekiem czerwonym". Ale stary Adam musi umrzeć
i odstąpić miejsce nowemu człowiekowi – Chrystusowi, którego symbolem jest kolor niebieski.

Przemiana czerwonego w niebieski była
w istocie pracą alchemików. Oznacza to, że
wszystko, co jest w człowieku pospolite, gwałtowne, zwierzęce, powinno być przemienione,
stać się subtelne. Czerwony i niebieski są dwoma przeciwnymi biegunami i jeśli chcecie
przejść od jednego do drugiego zapytajcie alchemików, odpowiedzą wam, że trzeba umieć
pracować z kwasem i zasadą. Jeśli potraficie pracować z tymi dwiema zasadami męską i żeńską,
możecie zmieniać kolory, to znaczy przechodzić

z niebieskiego w czerwony albo z czerwonego w niebieski, dodając kilka kropli kwasu lub zasady... Chemia wyjaśnia więc reguły religii, ale religie o tym nie wiedzą. I chemicy także; dla nich są to zjawiska czysto materialne, których nie próbują interpretować. Nauka zaledwie stwierdziła fakty, ale nie szuka ani przyczyn ich istnienia ani ich znaczenia. Ale mnie podoba się zinterpretowanie ich wam!...

Jesteśmy więc czerwonym Adamem, który powinien oddać miejsce Chrystusowi. Ta przemiana jest możliwa, jest ona celem religii. Stary człowiek Adam uległy swoim namiętnościom (czerwony) powinien oddać miejsce Chrystusowi, nowemu człowiekowi (niebieski), który jest w prawdzie, pokoju i harmonii. Błogosławieni ci, którzy zrozumieli! Błogosławieni ci, którzy podążają za światłem!

Skończę cytując wam jeszcze raz te słowa Zoharu, które bardzo lubię. Wymawiam je często wewnętrznie:

„Siedem świateł znajduje się w Najwyższym,
Tam zamieszkuje Najdawniejszy
z Najdawniejszych,
Tajemniczy z Tajemniczych
Ukryty z Ukrytych:
Ain Sof".

To wspaniałe! Wy także powinniście powtarzać te słowa, żeby światło się stało!

Oby teraz wszyscy pracowali nad światłem, ze światłem i dla światła!

8

Słońce jako wzór

Części 1

Lektura, myśl dnia:

„Najwyższym ideałem jest przyjąć słońce za wzór. Jeśli chcecie naśladować naukowca, filozofa, czy nawet bohatera, świętego i Wtajemniczonego, otrzymacie bez wątpienia jakieś cząsteczki ich cnót, lecz nigdy w tak dużej ilości i równie czystej jakości, jak gdyby waszym wzorem było słońce. Słońce jest wizerunkiem doskonałości i jeśli je bierzecie za wzór i myślicie tak jak ono, tylko o tym, żeby oświecać, ocieplać i ożywiać stworzenia, wtedy rzeczywiście będziecie się przemieniać; gdyż nawet, jeśli nigdy nie uzyskacie światła, ciepła i życia słońca, to samo pragnienie osiągnięcia ich, odeśle was w rejony niebiańskie, gdzie rzeczywiście będziecie dokonywać cudów. To pragnienie oświecania, ocieplania i ożywiania stworzeń, uczyni zarazem was samych bardziej świetlistymi, pełnymi ciepła i bardziej ożywionymi".

Przeczytana „myśl dnia" niektórych nieco zaszokuje, a innych zadziwi. Brać słońce za wzór! Wszyscy mi powiedzą: „Ależ proszę posłuchać, to jest niewiarygodne, słońce nie jest przecież istotą inteligentną i świadomą!". Otóż oni się mylą.

Oczywiście, słońce jawi się pod postacią ognistej kuli, a w jakiej postaci prezentuje się człowiek? W postaci ciała, które działa jak maszyna… Wszechświat także jest maszyną. Pojawiło się nawet na świecie kilku geniuszów, którzy stwierdzili, że wszechświat był dziełem przypadku; lecz przypadek aż tak inteligentny, tak wnikliwy, czyż nie jest to jednak trochę dziwne?

Jeśli maszyna funkcjonuje, to nie przez przypadek, bo jednak trzeba, żeby ktoś ją wprawił w ruch. Nigdy przecież nie widzieliście maszyny włączającej się zanim jakiś inteligentny umysł nie pobudziłby jej do uruchomienia.

Skoro istnieje materia, trzeba było ducha, żeby ją ożywił. Dlatego błędem jest myśleć, że słońce jest jedynie rozpaloną ognistą kulą. Słońce jest wspaniałą sferą zamieszkałą przez stworzenia najbardziej rozwinięte, które kierują planetami i to wibracje tych stworzeń przemieniają się w przestrzeni w ciepło i światło; a na samym słońcu panuje temperatura niezwykle umiarkowana, lecz kto mi uwierzy? Może dzieci?

Mówiąc, że powinniśmy przyjąć słońce za wzór, ja nie umniejszam wartości żadnego z wielkich Mistrzów ludzkości, gdyż oni również przyjęli już je za wzór. Od czasu, gdy oświecili cały świat swoją mądrością, rozgrzali swoją miłością serca całego świata, ożywili cały świat swoim czystym życiem, dali dowód, że przyjęli za wzór słońce. Zresztą, jeśli słońce nie przestaje wysyłać swojego światła i ciepła, jeśli wspiera bez ustanku życie we wszechświecie, to dlatego, że i ono ma swój wzór, który naśladuje: Boga.

Naśladowanie jest u człowieka skłonnością wrodzoną podobnie jak u wszystkich stworzeń. Tylko, kogo się chce naśladować? Aktora czy aktorkę kina, zwycięzcę piłki nożnej, itd. Nie ma dobrych kryteriów, aby wybrać wzór i szczególnie nie wie się, jak dalece ta kwestia wzoru jest ważna dla życia psychicznego. Macie przyjaciela: ledwie go odwiedzicie, a już otrzymujecie od niego pewne cząsteczki; daje wam coś z własnych cnót i wad i w ten sposób nawet nie będąc tego świadomi, wzorujecie się na nim. W podobny sposób, „odwiedzając" słońce i zachwycając się każdego dnia jego dobrem, jego jasnością, jego mocą, całym tym życiem, które się przejawia, po upływie pewnego czasu spostrzeżecie, że w was samych, w waszych komórkach następuje przemiana: coś w was zaczyna wibrować inaczej i stajecie się stopniowo coraz bardziej świetliści, ciepli, ożywieni.

Jeśli chcecie mieć dobroczynny wpływ na ludzi, wchodźcie każdego dnia w kontakt ze słońcem, aby otrzymywać od niego pewne cząsteczki, które przekażecie innym. Jedynie słońce ma moc obdarowywania ludzi najlepszymi skłonnościami. Dopóki nie ma się tego wzoru ciepła i światła pozwala się na dojście do głosu niższym skłonnościom. Zobaczcie, co się dzieje na świecie: widzi się tylko ludzi chcących wykorzystywać innych, podporządkowywać ich sobie i niszczyć. Wszystko to nie jest chwalebne! Podczas gdy tu wobec słońca, macie do czynienia z wizerunkiem istoty promieniującej, wspaniałomyślnej i to wywiera na was wpływ. Przyjmując nawet, że nie byłoby ono tworem inteligentnym i rozsądnym, w sensie, w jakim rozumiemy to zazwyczaj, kontakt z jego światłem i jego ciepłem, może was tylko zainspirować do bardziej szczodrych myśli i braterskich uczuć.

Oczywiście, zawsze istniały istoty wyjątkowe, które można wziąć za wzory z powodu ich czystości, ich dobra, ich inteligencji i uczciwości, lecz doskonałość, to inna sprawa. Doskonałość sugeruje idealny rozwój trzech czynników, którymi są: intelekt, serce i wola, co jest właśnie bardzo rzadkie. Istnieją ludzie nadzwyczajnie inteligentni i wykształceni, którzy nie przejawiają żadnej miłości dla bliźnich. Czy też inni pełni miłości, lecz nie posiadający żadnej woli i tak dalej. Życie nie przestaje nam pokazywać ludzi całkiem wybitnych w niektórych dziedzinach, lecz zarazem poszkodowanych w innych. Podczas gdy słońce daje nam idealny obraz doskonałości: jego światło uczy nas, że ono wie wszystko, jego ciepło mówi nam o jego miłości, a życie, które rozprzestrzenia we wszechświecie, objawia nam jego wszechmoc.

Gdy ktoś chce osiągnąć wiedzę, wyuczyć się zawodu: powiedzmy bednarza, czy fryzjera, udaje się do tego, który to uprawia, żeby zobaczyć jak robi beczki czy strzyże brodę. Jeśli jednak chce się nauczyć jak stać się nieśmiertelnym, jak posiąść życie wieczne, pyta się o to zmarłych! Kogoś, kto żyje nikt o nic nie zapyta! Oto inteligencja ludzi: oni w księgach zmarłych chcą się uczyć życia, nie zwrócą się do słońca! Słońce służy im jedynie do oświetlania, ogrzewania i szczególnie teraz do wyzyskiwania jego energii, by ją zamykać w butli i sprzedawać. Spróbujcie porozmawiać z wszystkimi fizykami, czy inżynierami, aby przyjęli słońce jako wzór, wyśmieją was prosto w oczy! Lecz wy, jeśli mnie słuchacie, jeśli przedkładacie słońce ponad wszystkie wasze zajęcia, zobaczycie jak ono może was oświecić, pobudzić, uzdrowić.

Ale ja mówię, mówię i wiem, że wielu będzie dalej brać sobie za wzór elegancika czy byle jaką młodą dziewczynę. „A więc – powiecie – nie możemy już mieć kogoś ukochanego?". Oczywiście, że możecie, lecz przyjmijcie w waszej miłości właśnie słońce za wzór. Udajcie się ku słońcu, napełnijcie się światłem i potem całujcie waszą ukochaną, zobaczycie, jaka będzie różnica... W rzeczywistości byłoby korzystniej jej nie całować, lecz ostatecznie, jeśli wam na tym zależy, przynajmniej zróbcie to po napełnieniu się światłem, ciepłem, czystością.

Ja także nigdy wam nie doradzałem, żebyście wzięli mnie za wzór. Zawsze wam mówiłem, że nie byłem niczym innym niż jedynie drogowskazem: patrzę na słońce i wskazuję palcem, żebyście udali się w jego kierunku. Gdyż to właśnie słońce da wam wszystko; a ja, cóż mogę wam dać? Ja mogę was jedynie pociągnąć za sobą w stronę słońca, najlepszego wizerunku doskonałości.

Większość ludzi wyobraża sobie, że nie istnieje nic większego i bardziej chwalebnego niż ich praca, ich zawód. A więc dobrze, ale ja uważam, że nic nie można porównać z owym jeszcze nieznanym zawodem, którego nikt nie przewiduje: stawanie się jak słońce, które oświeca wszystkie stworzenia, ogrzewa je i ożywia. Tak, wziąć słońce za wzór i tak jak ono oświecać, ogrzewać, ożywiać. Oczywiście, nie jest to takie łatwe, żeby stać się takim jak słońce; nawet w ciągu wielu setek lat wam się to nie uda, lecz przynajmniej ten ideał stawania się jak ono, wytworzy w was takie przemiany, że wewnętrznie naprawdę staniecie się odbiciem słońca i w waszej obecności ludzie zaczną czuć się bardziej świetliści, cieplejsi, bardziej ożywieni.

Istnieją tysiące aktywności na świecie, a szczególnie od kilku lat pojawiło się dużo nowych zawodów, lecz żadnego z nich nie można porównać do pracy kogoś, kto chce stać się takim jak słońce. Żaden inny zawód nie będzie naprawdę satysfakcjonujący. Popatrzcie, cokolwiek byście robili wasza aktywność jest ograniczona. Możecie być chemikami, astronomami, muzykami, malarzami, adwokatami, notariuszami... oczywiście jakaś część was samych jest przez tę waszą działalność spełniona, ale ani wasza wiedza, ani wasza sztuka nie mogą rozwiązać waszych problemów życiowych (dotyczących waszych żon, dzieci, przyjaciół, czy nawet waszego zdrowia).

Ci wszyscy, którzy świadomie się przybliżają do słońca z pragnieniem stawania się jak ono, w końcu faktycznie wnoszą w życie ciepło i światło słońca. A inni, którzy to w nich czują, zbliżają się do nich. Bo jak tu nie zbliżyć się do człowieka, przy którym można się poczuć ożywionym, ogrzanym i oświeconym? Podczas gdy unika się osoby, która jest zimna, bez światła, bez życia, a jeśli jest się zmuszonym obcować z nią, jest się wobec niej zamkniętym. Popatrzcie na kwiaty: zamykają się w nocy, a otwierają się do słońca w ciągu dnia. Kwiaty mówią do nas, informują nas o wielu rzeczach, mówią nam: nie możecie inaczej otworzyć stworzeń, jak tylko przez ciepło i światło, lecz kto je rozumie? Weźcie słońce za wzór. Nawet w ciągu dnia, gdy nie jesteście wystawieni na słonce, obserwujcie siebie, analizujcie, zapytując: „Czy wypromieniowuję i rozprzestrzeniam światło? Czy ocieplam i rozszerzam serce u innych stworzeń? Czy przynoszę im życie? A więc w każdej chwili dnia stawiajcie to pytanie, gdyż ono jest kluczem do waszego doskonalenia.

Części 2

Najbardziej subtelną lekcją, której udziela nam słońce jest jego miłość do wszystkich stworzeń. Ono się nie zajmuje tym, by wiedzieć, do kogo wysyła swoje promienie. Czy ludzie byliby inteligentni czy głupi, dobrzy czy kryminaliści, zasługiwali czy też nie zasługiwali na dobrodziejstwa, ono ich oświeca bez wyjątków. To właśnie w tym słońce jest jedyne! Gdy weźmiecie nawet ludzi najwybitniejszych, którzy istnieli na ziemi: wszyscy byli w jakiejś mierze owładnięci, czy to przez jakieś swoje preferencje, czy też nawet jakieś animozje. Nawet najwięksi prorocy, nawet najwięksi Mistrzowie nie mogli się całkowicie uwolnić od stosowania prawa sprawiedliwości i karania niegodziwców.

Dlaczego słońce udziela kredytu światła, ciepła i życia wszystkim stworzeniom nie dyskryminując nikogo, na równi kryminalistom, co świętym i sprawiedliwym? Czyż jest ono ślepe, żeby nie widzieć zbrodni, czyż nie jest mechanizmem bez inteligencji ani rozróżnienia, dla którego mało jest ważne czy to dobro czy niegodziwość, prawość czy nieuczciwość? Nie, słońce widzi winy i przestępstwa ludzi o wiele lepiej, niż ktokolwiek inny, lecz dla niego są to rzeczy małej wagi w stosunku do niezmierzoności jego światła i ciepła. Wszystko, co nam się wydaje monstrualne i straszliwe dla niego jest rzeczą małych błędów, małych zniszczeń, małych nieczystości… Ono je porządkuje, naprawia, obmywa i kontynuuje swą pomoc ludziom z niewyczerpana cierpliwością, dopóki nie osiągną doskonałości.

A gdy zapytacie: „Ale z jakiego powodu taka wspaniałomyślność? Jakąż to filozofię może ono mieć w głowie?". A więc właśnie ją zaraz zobaczycie. Słońce ma pewną koncepcję rodzaju ludzkiego; widzi wieczność i nieśmiertelność duszy człowieka, wie dobrze, że człowiek jest jeszcze owocem, zielonym, cierpkim, twardym i kwaśnym, więc ono, które umie tak dobrze zadziałać, aby dojrzewały owoce na drzewach i które je napełnia stopniowo słodyczą i zapachem, aż staną się wyśmienite, będzie też chciało, aby i ludzkość dojrzała. Lecz, jako że rozumie, iż dla ludzkości trzeba więcej czasu niż dla drzew i owoców, postanowiło mieć cierpliwość. Ono wie, że ogrzewając nawet kryminalistę, któregoś dnia będzie on tak zmęczony i przejęty wstrętem do siebie, że podda się dobroczynnemu wpływowi słońca… i stanie się istotą godną uwielbienia, delikatną, poetą, muzykiem, dobroczyńcą ludzkości.

Słońce nie opuszcza ludzi, ponieważ wie, że jeśli ich opuści, ich ewolucja będzie nieudana, nie będzie dojrzałych owoców, nie będzie już świętych, proroków, oraz bóstw na ziemi. Słońce kontynuuje ogrzewanie i oświecanie ludzi, ponieważ zna przyczyny i skutki, początek i koniec, zna drogę ewolucji... w przeciwnym razie stałoby się straszne, zamknęłoby się, zaciemniło i tym samym nastałby koniec rodzaju ludzkiego! Jeśli słońce zawsze świeci, to dowód, iż zna plan swojej pracy, celowość kreacji i trwa w pomaganiu ludziom aż do czasu, gdy dojrzeją.

Jesteśmy dla słońca jak ziarna zasadzone gdzieś w ziemi duchowej: pod wpływem jego promieni możemy wydać kwiaty o kolorach i zapachach tak nadzwyczajnych, że nawet bóstwa zachwycałyby się. Czym jest kwiat? Nie umie ani śpiewać, ani tańczyć, ani grać na skrzypcach, a czasami nawet śpiewacy, tancerze, muzycy, są nim zachwyceni..., jeśli więc my umiemy być jak kwiaty, dlaczego bóstwa, które są nad nami nie miałyby przychodzić, aby się tym rozkoszować? Powiedzą: „Och, jakie śliczne kwiaty!" i zajmą się nami, żeby nas uczynić jeszcze bardziej czystymi, świetlistymi, pachnącymi.

Oto, co potrafi słońce i dlatego jest ono jedyne, które nie męczy się, czyniąc ludziom dobro.

Wszyscy inni się męczą, zamykają sklepy i znikają z ulicy, chowają się, ale słońce jest zawsze tu, triumfujące, promieniujące. Mówi nam: „Przyjdźcie, napawajcie się, bierzcie... Zrobiliście głupoty?... Ja tego u was nie chcę. Ludzie są egoistami, niegodziwcami, mścicielami i jeśli was złapią, nie odpowiadam za was, lecz ja nie robię nikomu nic złego, chodźcie, wystawcie się na moje promienie... Jeszcze wam ich więcej podaruję!" Więc, jeśli wzięło się słońce jako ideał, jako wzór, będzie się lepszym. W pobliżu słońca znajduje się odwagę, zapomnienie o wszystkich trudnościach, wszystkich rozczarowaniach, których się doznaje od ludzi. Myśląc tak jak słońce, samemu staje się bóstwem, gdyż wtedy nigdy nie traci się cierpliwości. Wszyscy inni kapitulują i koniec końców po pewnym czasie mówią wam: „Odejdźcie stąd! Już nie mogę na was patrzyć! Uczyniłem wszystko, co mogłem dla was, a teraz jestem zmęczony. No idźcie już". Lecz słońce nigdy nie jest zmęczone... Zrozumiecie obecnie, dlaczego was prowadzę ku słońcu, dlatego, że jest jedynym, które może inspirować szlachetne i boskie uczucia.

Aby lepiej poznać filozofię słońca umówiłem się z nim pewnego dnia na spotkanie. Tak, spotkaliśmy się... w bistro, zamówiliśmy aperitify i następnie powiedziałem mu: „O, drogie słońce, są pewne rzeczy, o które chciałbym cię zapytać, ponieważ w moim sercu nie jest to jeszcze całkiem jasne, jak się to dzieje, że jesteś takie świetliste?" – „Ponieważ płonę z miłości – odpowiada – a miłość roznieca światło." – Lecz wytłumacz mi jak to robisz, żeby nadal jeszcze kochać i oświecać ludzi, kiedy ty przecież lepiej widzisz, jacy oni są niegodziwi?" – „Och, wiesz, to już dawno temu kiedym się zdecydowało, żeby się nie zajmować więcej dowiadywaniem się, jacy oni są. Ja zajmuję się wyłącznie sobą samym i dlatego sprawia mi przyjemność rozlewanie ciepła mojej miłości i to kontynuuję i właśnie tym się cieszę. Obecnie jest mi obojętne czy ludzie mnie doceniają czy nie i ja ci doradzam uczynić podobnie, jeśli bowiem zaczniesz uwzględniać to, jacy są ludzie, nigdy nie będziesz mógł pośród nich przebywać".

A więc zdecydowałem się naśladować słońce i dlatego mogę kontynuować moją pracę, a jeśli sądzicie, że są tacy ludzie, którzy mnie cenią i którzy tu są, żeby mi pomagać, mylicie się. Jest wielu takich, którym ja przeszkadzam i którzy woleliby pozbyć się mnie. I ja was zapewniam, że widząc jak niektórzy są oszustami, niegodziwcami, ludźmi interesownymi, niewdzięcznikami uważam czasami, że istnieje rzeczywista potrzeba, aby wziąć mój kapelusz i nie zajmować się już ludźmi nigdy więcej. Lecz na szczęście jest słońce i szepcze do mnie: „Przypomnij sobie naszą rozmowę w bistro. – Ach tak, tak!" – mówię i kontynuuję… i wy także, dlaczego nie mielibyście naśladować słońca?

To prawda, że nauka już obliczyła datę jego śmierci i według pewnych uczonych amerykańskich byłoby już ono w obecnej chwili chore! W rzeczywistości słońce posiada sekret przedłużania swego życia tyle ile chce, aż cała jego rodzina osiągnie doskonałość. Tak, ponieważ istnieje rodzina – słońce, rodzina do wychowania i wyżywienia: wszystkie planety wokół niego są jego dziećmi, a ono nie może umrzeć, zanim jego dzieci nie osiągną doskonałości, to znaczy zanim staną się słońcami jak ono.

9

Prawdziwa religia słoneczna

Części 1

Słońce oświeca, ociepla i ożywia. Nie wyczerpaliśmy jeszcze dotąd zawartości tych trzech pojęć: światła – ciepła – życia i zobaczycie teraz jak mogą one nam pomóc w zrozumieniu jednej z najbardziej niejasnych kwestii religii chrześcijańskiej: Trójcy Świętej.

Teologowie przedstawiają Trójcę Świętą jako tajemnicę, tajemnicę jednego Boga w trzech osobach. Więc co mają ludzie począć z tą tajemnicą? Pozostawiają ją tam gdzie jest, nie zajmują się nią. Ale my, przeciwnie, spotykamy, pozdrawiamy, odwiedzamy i radujemy się każdego dnia widząc Trójcę Świętą. „Jakież bluźnierstwo!" – powie Kościół. Być może, ale jeśli przedstawia się ludziom Bóstwo tak abstrakcyjne i odległe nie można się dziwić, że już nie czują, że w nich zamieszkuje i oddają się czynom najbardziej niemoralnym, najbardziej bezsensownym.

W nowej religii, która nadchodzi i która opanuje cały świat, rzeczy duchowe staną się tak bliskie, dostępne, że człowiek będzie nimi mógł żyć każdego dnia, czuć je, jednoczyć się z nimi, z nimi obcować; każdego dnia będzie się żywił pokarmem tak nadzwyczajnie świetlistym, że będzie zmuszony się zmienić, gdyż jedynie przez przyswajanie pożywienia o najwyższej jakości we wszystkich dziedzinach człowiek może się rzeczywiście przemienić.

Trójca Święta pojawia się w większości religii świata pod różnymi nazwami. Na początku istnieje zawsze istota, która rodzi istotę inną, a ta z siebie wyprowadza trzecią. W chrześcijaństwie nazywa się je Ojcem, Synem i Duchem Świętym. Ojciec to życie, które wylewa się we wszechświecie, źródło, z którego wytryska całe stworzenie. O Synu można powiedzieć, że jest światłem, ponieważ sam Chrystus mówił: *„Ja jestem światłością świata"*, lecz jest także i miłością, tzn. ciepłem. I Duch Święty także jest bądź to miłością, bądź światłem, które oświeca umysły, daje umiejętność prorokowania, mówienia językami i przenikania tajemnic. W rzeczywistości nie jest to istotne, który jest miłością, a który mądrością; Syn i Duch Święty są jednym, oni się wzajemnie przeistaczają i posiadają te same moce.

Najważniejszym zagadnieniem jest rozumieć, że te trzy zasady, Ojciec, Syn, Duch Święty odnajdują się w życiu, w świetle i cieple słońca. Ojciec to jest życie; Syn jest miłością lub światłem; Duch Święty jest światłem czy miłością. Powiecie: „Ale czy mamy prawo odkrywać te bardzo wysokie istoty w świetle, cieple i życiu słońca?". Oczywiście, to powiązanie stanowi niesłychaną praktyczną korzyść, ponieważ pozwala nam każdego ranka kontemplować Trójcę Świętą, obcować i łączyć się z nią, żeby otrzymać od niej wszystkie błogosławieństwa. To stanowi obietnicę zmartwychwstania i życia.

Dlaczego chrześcijanie nie chcą rozumieć, że wielkie prawdy są widoczne przed ich oczami? Wszyscy to rozumieją prócz nich. Oni zawsze powiedzą: „Och, słońce… Nawet, jeśli słońce nie istniałoby, wystarczy celebrować mszę, aby być zbawionym". Nie spostrzegli jednak, że bez słońca nie byłoby ani jednej żywej osoby, która odprawiłaby mszę, a oni sami byliby już od dawna martwi, skamieniali i zamrożeni. Co do tej kwestii jedynie chrześcijanie są ślepcami i ludźmi ograniczonymi. Powiecie: „Ale co Pan ma przeciwko chrześcijanom?" Nic, nic. Ja także jestem chrześcijaninem. Jeśli wstrząsam nimi od czasu do czasu, to tylko po to, aby ich zachęcić do otwarcia oczu i większego zastanawiania.

Kiedy świat na górze stworzył świat na dole, pozostawił wszędzie znaki, ślady, żeby ludzie mogli go odnaleźć. Jednym z takich obrazów jest słońce. To poprzez słońce manifestuje się Trójca Święta, która nie chce pozostać całkowicie ukrytą i niedostępną, lecz pragnie stworzyć dla ludzi możliwość jej odnajdywania. Zrozumcie to dobrze: w rzeczywistości Trójca Święta nie mieści się ani w świetle, ani w cieple, ani w życiu słońca, ona jest nieskończenie wyżej, lecz poprzez to światło, to ciepło i to życie, możemy do niej docierać, łączyć się z nią, kochać ją, zwracać się do niej, sprawić, aby ona nas przenikała.

I ponieważ jesteśmy stworzeni na podobieństwo Boga, każdy z nas powinien także być trójcą. Zresztą przez nasz intelekt, nasze serce i naszą wolę, już jesteśmy troistością, która myśli, czuje i działa. Oczywiście ta mała trójca jest nieco zgaszona, zastygła, zamrożona, ale ona w słońcu ożyje, rozświeci się i ociepli. Oto jeszcze pożytek z chodzenia na wschód słońca: stopniowo mała trójca stanie się świetlista, gorąca, ożywiająca jak słońce, przybliży się do wielkiej Trójcy Ojca, Syna i Ducha Świętego.

Chrystus powiedział: „*Bądźcie doskonali tak jak jest doskonały wasz Ojciec Niebieski*". Lecz jeśli nigdy nie widzieliśmy Ojca, skąd przyjmiemy wzór jego doskonałości? Tu mamy jego wzór: słońce. Bóg jest bardzo wysoko, bardzo daleko, lecz w swym miłosierdziu chce dać ludziom możliwość odnalezienia Go i zostawił im coś w rodzaju nici Ariadny. Jeśli chwycą tę nić, przemierzając słońce, dojdą aż do Ojca.

Każdego dnia widzimy wysublimowany obraz Trójcy Świętej i jeśli umiemy pracować z tym wzorem, nasza mała trójca może także stać się święta. Wszyscy powtarzają słowa Chrystusa: *„Bądźcie doskonali tak jak jest doskonały wasz Ojciec Niebieski"*, lecz, jako że nie wie się jak On się przejawia, jakie są jego wibracje, jego kolory, jego potęga, wszystko pozostaje teoretoryczne. Słońce nam objaśnia, że Ojciec, Syn i Duch Święty są jednością, są nierozdzielni. W umyśle wielu chrześcijan oni są rozdzieleni, lecz w rzeczywistości są jednym, te trzy człony są jednym. W Kabale, 1 jest 3 i 3 jest 1.

W człowieku jest podobnie: intelekt, serce i wola nigdy nie są rozdzielone; one są spojone, podążają, biegną razem. Intelekt stwarza projekty i serce mu udziela pomocy, zachęca: „Rusz się, rusz się, ja jestem z tobą!", a wola biegnie, żeby te projekty zrealizować. Widzi się je wszystkie trzy razem biegnące, biegnące... Niekiedy jednak jest przeciwnie: to wola pociąga pozostałe i człowiek łamie sobie głowę, ponieważ intelekt został daleko z tyłu. I donośnie krzyczał: „Czekajcie na mnie, jesteście w błędzie!", a wola odpowiada: „Bądźże cicho, nie wiesz w ogóle nic". A więc cała trójka prowadzi niezwykłe konwersacje!... Ale ta trójca nie jest jeszcze święta.

Ażeby nasza trójca stała się święta powinniśmy przyjąć słońce za wzór i dążyć do niego przez stawanie się świetlistymi, gorącymi i ożywionymi jak ono. Oczywiście, iż osiągnięcie tego nie jest możliwe, ale ta praca przebiega po linii Wtajemniczenia. Zamiast pozostawać przy starych i nieużytecznych koncepcjach korzystniej jest pójść i kontemplować słońce, mieć go za ideał, by upodobnić się do niego.

Istnieje, jak wam mówiłem, prawo mimetyzmu według którego każde stworzenie upodabnia się po dłuższym czasie do otoczenia, w którym się znajduje. Jeśli człowiek często i długo ogląda słońce, jeśli je rozumie, jeśli je kocha, jeśli pozwala przenikać się jego promieniom, staje się stopniowo do niego podobny. I nawet więcej: jeśli umie skondensować jego promienie, nagromadzić je, spowodować, aby przechowały się w jego splocie słonecznym, będzie mógł z nich czerpać według własnych potrzeb i stać się niestrudzonym. To wszystko jest wiedzą, stosowaniem jej i ci, którzy przyjęli to na serio otrzymują błogosławieństwa każdego dnia.

Jak tu nie zdawać sobie sprawy czym jest słońce, skoro w nim manifestuje się najlepiej wspaniałomyślność, niezmierzoność i nieśmiertelność Boga? Odtąd to tam należy szukać Trójcy Świętej. Wszyscy pedagodzy wiedzą, że z dziećmi trzeba zaczynać od przedstawiania im konkretnej strony rzeczy, czyli tego, czego doty-kają, tego, na co patrzą, aby potem poprowadzić je w dziedzinę bardziej abstrakcyjną. Powinno by się zastosować tę samą metodę dla religii i zamiast prezentować Bóstwo, Świętą Trójcę jako abstrakcję, z której prawie nikt nic nie ro-zumie, zacząć od strony konkretnej, tzn. słońca. Gdy pójdzie się najpierw przed słońce ogrzać się, oświecić, ożywić, podziękować Bogu, to potem, jeśli się ma wystarczające zdolności umysłowe, można będzie dalej poszukiwać Du-cha Kosmicznego, Absolutu.

Powiecie: „Ale czyż można znaleźć Boga w kościele, w hostii?". Tak, oczywiście, można znaleźć Boga w kościele, lecz jaki kościół, czy jaką świątynię można porównać do natury i gdzie jest hostia, którą można porównać ze słońcem? Możecie zjeść cały wagon hostii i pozostać tak samo przykrymi, tak samo zazdro-snymi, tak samo zmysłowymi, tak samo szalo-nymi i chorobliwymi jak przedtem. Podczas gdy jeśli podejdziecie do tej bezmiernej hostii, jaką jest słońce i jeśli obcujecie z nią każdego dnia, będziecie zmuszeni się zmienić, gdyż nigdzie indziej Bóg nie przejawia się z taką całą mocą jak w słońcu.

Poza tym, któż może też zaprzeczyć, że ho-stie produkuje się z materiałów wytworzonych przez słońce? A jemu, słońcu, nie mówi się na-wet dziękuję. Bierze się od niego wszystko to, co produkuje: zboże, winogrona i zapomina się za to podziękować. Nie zdaje się sobie sprawy, że bez niego nie można by zrobić ani jednej hostii, czy ani jednej kropli wina. Więc dlaczego wprowadziło się ludzi w błąd? Dlaczego chciało się ukryć doniosłość słońca i spowodować, aby ludzie wierzyli, że przez hostię i wino znajdą Boga? Oni mogą Go znaleźć, lecz pod warunkiem, że się im wyjaśni przynajmniej sens tych symboli.

Genezą komunii, jak wiecie, jest ostatnia wieczerza, którą Jezus spożywał ze swoimi uczniami, kiedy wziął chleb i wino mówiąc: *„Jedzcie, to jest ciało moje. Pijcie, to jest krew moja... Ten, kto spożywa moje ciało i pije moją krew, posiada życie wieczne"*. W rzeczywistości, chleb i wino są dwoma symbolami o największym znaczeniu, które były znane już przed Jezusem.

Kiedy czytamy Biblię dowiadujemy się, że to Melchizedek jest pierwszym, który ustanowił komunię przynosząc Abrahamowi chleb i wino. Melchizedek był królem sprawiedliwości (po hebrajsku „melek" znaczy król i „tsedek" sprawiedliwość), zamieszkiwał królestwo Salem, (nazwa, która ma to samo źródło co słowo shalom: pokój) i to dlatego nazywa się Melchizedeka królem sprawiedliwości i pokoju. On przyniósł chleb i wino dla Abrahama jako wynagrodzenie za zwycięstwo nad siedmioma złowrogimi królami z Edom, którzy reprezentują siedem grzechów głównych. Bowiem nie należy uważać, że Melchizedek, największy z Wtajemniczonych, dlatego przybył tam, żeby wynagrodzić Abrahamowi za zwycięstwo w bitwie nad kilku setkami czy tysiącami wrogów. Abraham mieszkał w Ur w Chaldei (Ur oznacza światło). Praktykował magię, wywoływał duchy i aby dopełnić swoje wtajemniczenie, udał się do Egiptu za poradą duchów, które mu służyły.

Melchizedek przyniósł więc Abrahamowi chleb i wino można więc pomyśleć, że to nie było wielkie wynagrodzenie, jeśli nie rozumie się jego wartości symbolicznej. Istotnie, chleb i wino reprezentują całą Wiedzę tajemną opartą na dwóch zasadach kosmicznych: zasadzie męskiej (symbolizowanej przez chleb) i zasadzie żeńskiej (symbolizowanej przez wino), które razem pracują we wszystkich rejonach wszechświata.

Chleb i wino są dwoma symbolami słonecznymi. Nie chodzi więc ani o chleb fizyczny ani o fizyczne wino, lecz o dwie własności słońca: jego ciepło i jego światło, które tworzą życie. Otóż, jego ciepło jest miłością, a światło jest mądrością. Jezus chciał więc powiedzieć: *„Jeśli spożywacie moje ciało – moją mądrość – i jeśli pijecie moją krew – miłość – będziecie mieć życie wieczne”.*

117

Od dwóch tysięcy lat chrześcijanie połknęli wagony hostii i wypili beczki wina, nie osiągnąwszy kiedykolwiek życia wiecznego i nawet niestety nie uzyskawszy u siebie najmniejszej poprawy, gdyż jedynym środkiem osiągnięcia życia wiecznego jest spożywanie światła i ciepła Chrystusa, który jest duchem słońca.

Części 2

Kiedy Jezus powiedział: *„Nikt nie przyjdzie do Ojca jak tylko przeze mnie"*, to Chrystus, przemawiał przez jego usta. Chciał przez to powiedzieć: nikt nie może przyjść do Ojca jak tylko przeze mnie, gdyż jestem duchem Chrystusa, który się przejawia poprzez słońce. Powiecie, że jest to interpretacja arbitralna. Nie, mogę wam pokazać jak odnajduję miejsce wszystkich prawd; one się manifestują w sposób chaotyczny, są rozproszone, lecz Wtajemniczony jest obowiązany je połączyć i znaleźć miejsce każdej z nich w wielkiej księdze natury ożywionej.

Ja już wam ukazałem, dla nas najlepszym wizerunkiem Trójcy Świętej na ziemi jest słońce wraz z życiem, które nam daje, z jego światłem i z jego ciepłem. Życie, które płynie poprzez słońce jest Ojcem. Można myśleć o świetle i cieple, że jest zarówno Synem jak i Duchem Świętym, lecz z punktu widzenia życia inicjacyjnego Duch Święty reprezentuje raczej ciepło, miłość, podczas gdy Syn, Chrystus reprezentuje światło i mądrość.

Zatem światło, które wychodzi ze słońca, to światło, którego prawdziwej natury się jeszcze nie zna, które powoduje takie przemiany we wszechświecie i udziela tylu dobrodziejstw wszystkim stworzeniom, to jest Chrystus, duch Chrystusa. Światło słońca jest duchem żyjącym i to poprzez to światło duch Chrystusa jest zawsze tu obecny, jest on aktywny, jest przy swoim dziele bez ustanku. Jeśliby tak nie było, jak zinterpretować te słowa: *„Ja jestem światłością świata"*... czy też: *„Mój Ojciec i ja jesteśmy jedno"*?... Oni są jednym w słońcu, ponieważ w słońcu światło i życie stanowią jedno. On mówi także: *„Ja jestem zmartwychwstaniem i życiem"*. Kto przywraca do życia istoty? Kto daje życie? To Chrystus, duch Chrystusa, który żyje w słońcu.

Chrześcijanie nigdy nie wiedzą, gdzie sytuować Chrystusa, na przykład w Palestynie, ponieważ Jezus tam żył, lecz jeśli rzeczywiście jest zmartwychwstaniem i życiem, żyje nie tam, lecz w słońcu. Oczywiście, On jest wszędzie we wszechświecie, lecz dla nas jest szczególnie w słońcu. Dlatego, jeśli jesteście przyzwyczajeni oglądać słońce rankiem, myśląc, że to Chrystus jest tutaj przed nami, jeśli łączycie się z nim, jeśli go kochacie, cała wasza istota zadrży, będzie wibrować w unisonie wraz ze skondensowanym światłem kosmicznym, które się poprzez nie manifestuje.

Chrystus jest oczywiście istotą o wiele rozleglejszą niż słońce, to syn Boga, druga osoba Trójcy i on się manifestuje nie tylko w naszym słońcu, lecz, w niezmierzoności kosmosu; istnieją niezliczone słońca, o wiele większe i bardziej świetliste niż nasze... Dlatego, jeżeli mówię o Chrystusie nie mówię o Jezusie, lecz o zasadzie kosmicznej, która nie ma ani początku ani końca. Jezus był człowiekiem, który żył w Palestynie dwa tysiące lat temu, który był tak czysty, tak szlachetny, tak rozwinięty, że w trzydziestym roku życia otrzymał Ducha Świętego i równocześnie Ducha Chrystusa i dlatego był nazwany Jezusem-Chrystusem. Lecz Chrystus może się narodzić w sercu i duszy wszystkich ludzi. To on się manifestował poprzez Orfeusza, Mojżesza, Zaratustrę, Buddę... i wszystkich wielkich Wtajemniczonych ze wszystkich krajów i wszystkich epok.

Istniał tylko jeden Jezus, ale może być tysiące naśladowców Chrystusa. Jezus pozostaje jedyny, stoi na czele religii chrześcijańskiej jak Budda na czele religii buddyjskiej czy Mahomet na czele religii muzułmańskiej, lecz Chrystus, jest na czele całej ludzkości i nawet całego wszechświata, nie jest przywódcą jednej religii, ale wszystkich religii i to on właśnie je natchnął, zainspirował. Dlatego ludzie powinni skończyć z rasową i sekciarską stroną religii. Nawet chrześcijaństwo jest już religią sekciarską. W Starym

Testamencie Bóg był jedynie Bogiem Izraelitów; im tylko wolno było żyć i to oni mieli prawo opanowywania i wyniszczania innych ludzi. Trochę później chrześcijanie posłużyli się Nowym Testamentem, aby uczynić rzecz podobną, myśląc, że byli wybrani, kochani i wyróżnieni przez Pana, a inni byli niewierzącymi. Oto największy błąd chrześcijan. Podobnie jak słońce jest dla wszystkich ludzi, Bóg jest też dla wszystkich swoich dzieci, gdyż inaczej trzeba by wnioskować, że słońce przewyższa Boga swoją miłością i swoją wspaniałomyślnością.

Jak można przekonać ludzi, że to jest śmieszne, aby chcieć przeciągnąć Boga na swoją stronę? Przypatrzcie się dwóm krajom, które rozpoczynają wojnę: każdy zleca kapłanom z wielką pompą błogosławienie swojej broni i żołnierzy błagając Pana, żeby to jemu dał zwycięstwo i pokonał wrogów; aby przypodobać się Bóstwu robią wszystko, co jest konieczne za pomocą nabożnych pieśni, modlitw, kadzideł..., co za pożałowania godna mentalność! Nie powinno się nigdy próbować przekupić Boga. Z punktu widzenia zwykłego człowieka wszyscy uważaliby, że to jest normalne, każdy powinien wspierać swoje interesy. Tak, lecz jeśli się wznosi aż do Pana stwierdzi się, że tak jak Słońce, On też jest bezstronny i pozwala nawet ludziom się wyniszczać, skoro im się to tak podoba.

Jedną z najważniejszych kwestii filozofii słonecznej jest to, że słońce nas prowadzi ku uniwersalności. Trzeba nie dopuścić do tego, aby jedna rasa, jeden naród, lub jedna religia czy ideologia zdominowały świat; trzeba żeby wszyscy podążali razem ku religii uniwersalnej, która jest religią miłości i braterstwa.

Wierzcie mi, Pan jest jak słońce: rasy, religie, ideologie, są Jemu obojętne. Czy byłoby się żółtym, czarnym, czerwonym, żydem, katolikiem, protestantem, czy nawet ateistą, On sobie nic z tego nie robi, wszyscy są jego dziećmi i bierze pod uwagę tylko ich zalety i cnoty: miłość, mądrość, uczciwość, hojność…

Zachowujcie zawsze ten wizerunek słońca jako najlepszego reprezentanta Bóstwa. Dlaczego ludzie, którzy uważają za normalne chodzić do kościołów czy świątyń, skłonić się, uklęknąć i modlić się przed ikonami, czy posągami świętych, uważają za anormalne kontemplowanie słońca? Dlaczego sobie wyobrażać, że otrzymuje się więcej światła czy pociechy przed dziełami ludzi, którzy nie zawsze byli czyści i uczciwi niż przed słońcem, które wychodzi z rąk Boga promieniując i ożywiając? Chodźcie do kościołów i świątyń, jeśli chcecie, ja również je odwiedzam, lecz wiedzcie, że to w bliskości słońca nauczycie się żyć prawdziwie boskim życiem.

Książki tego samego autora w języku polskim

Numer i tytuł tomu:

201 Ku cywilizacji słońca (książka i ebook)*
203 Wychowywanie zaczyna się przed urodzeniem
204 Joga odżywiania
205 Siła seksualna lub uskrzydlony smok
211 Wolność, zwycięstwo ducha
212 Światło, żywy duch (książka i ebook)*
213 Natura ludzka i natura boska (ebook)
214 Przyszłość ludzkości ... miłość-poczęcie-ciąża*
219 Centra i ciała subtelne (książka i ebook)*
222 Życie psychiczne człowieka (ebook)
223 Twórczość artystyczna i twórczość duchowa*
224 Potęga myśli
225 Harmonia i zdrowie
227 Złote reguły codziennego życia
228 Spojrzenia na niewidzialne (książka i ebook)
229 Droga ciszy (książka i ebook)
230 Niebiańskie miasto, komentarze do Apokalipsy
231 Ziarna szczęścia (ebook)
233 Przyszłość młodzieży (książka i ebook)*
238 Wiara, która przenosi góry (ebook)*
239 Miłość większa niż wiara (ebook)*
241 Kamień filozoficzny – od Ewangelii ...
013 Nowa ziemia – Metody, ćwiczenia, modlitwy
514 Myśli dnia (kalendarze w formie książkowej)
308 Święta wielkanocne (broszura)
318 Prawdziwa praca matki podczas ciąży (broszura)
402 Spirytualista w społeczeństwie (próbka lektury)
403 Bądź panem własnego szczęścia (próbka lektury)

* Niektóre międzynarodowe sklepy internetowe zastępują w tytułach książek polskie znaki specjalne ą, ć, ę, ł itp. literami a, c, e, l itp.

Tegoż autora w języku polskim: Spisy treści

201 – Ku cywilizacji słońca (książka i ebook)
Słońce, inicjator cywilizacji – Joga słoneczna – W poszukiwaniu centrum – Słońce żywiciel – Splot słoneczny – Człowiek na obraz słońca – Duchy siedmiu świateł – Słońce jako wzór – Prawdziwa religia słoneczna.

203 – Wychowanie zaczyna się przed urodzeniem
Najpierw uczyć rodziców – Wychowanie zaczyna się przed urodzeniem – Plan dla przyszłości ludzkości – Zajmujcie się waszymi dziećmi! – Nowe rozumienie miłości matczynej – Magiczne słowo – Nigdy nie pozostawiać dziecka w bezczynności – Przygotować dzieci do ich przyszłego, dorosłego życia – Chronić u dziecka poczucie cudowności – Miłość bez słabości – Wychowanie i kształcenie.

204 – Joga odżywiania
Odżywianie: czynność, która obejmuje całego człowieka – Hrani-Yoga – Pożywienie, list miłosny Stwórcy – Wybór pożywienia – Wegetarianizm – Moralność odżywiania – Post – O komunii – Znaczenie błogosławieństwa – Praca ducha nad materią – Prawo wymiany.

205 – Siła seksualna lub uskrzydlony smok
Uskrzydlony smok – Miłość i seksualność – Siła seksualna, warunek życia na Ziemi – O przyjemności – Niebezpieczeństwa tantryzmu – Kochajcie nie czekając, by was kochano – Miłość rozprzestrzeniona we wszechświecie – Miłość duchowa, wyższy sposób pożywiania się – Transformator energii Seksualnej: wysoki ideał – Otworzyć miłości Drogę ku wyżynom.

211 – Wolność, zwycięstwo ducha

Struktura psychiczna człowieka – miejsce i aktywność ducha – Stosunek ducha i ciała – Przeznaczenie i wolność – Śmierć wyzwolicielka – Człowiek jest wolny tylko wolnością Boga – Prawdziwa wolność jest poświęceniem – Ograniczać się, aby się wyzwolić – Anarchia i wolność – O pojęciu hierarchii – Synarchia wewnętrzna.

212 – Światło, żywy duch (książka i ebook)

Światło, istota stworzenia – Promienie światła: ich natura i działanie – Złoto, kondensacja światła słonecznego – Światło, które pozwala widzieć i być widzianym – Praca ze światłem – Pryzmat, obraz człowieka – Czystość otwiera drzwi ku światłu – Żyć intensywnym życiem światła – Promień lasera w życiu duchowym.

213 - Natura ludzka a natura boska (ebook)

Natura ludzka... czy natura zwierzęca? – Natura niższa, odwrócone odbicie natury wyższej – W poszukiwaniu naszej prawdziwej tożsamości – Jak uniknąć ograniczeń natury niższej – Słońce, symbol natury boskiej – Wykorzystać zasoby natury niższej panując nad nią – Być lepszym, to stale tworzyć naturze wyższej więcej warunków, by mogła się przejawić – Głos boskiej natury – Człowiek może w pełni się rozwinąć tylko wtedy, gdy służy swojej naturze wyższej – Jak ułatwiać przejawy natury wyższej w sobie i u innych – Powrót człowieka do boga.

214 – Przyszłość ludzkości, galwanoplastyka ducho-wa, miłość-poczęcie-ciąża
Mężczyzna i kobieta, odzwierciedlenie dwóch zasad: męskiej i żeńskiej – Galwanoplastyka duchowa – Mał-żeństwo – Kochać bez chęci posiadania – Jak polep-szyć okazywanie miłości? – Tylko miłość boża ochra-nia - Miłość ludzką – Akt seksualny z punktu widzenia wiedzy inicjacyjnej – O słonecznej istocie energii sek-sualnej – Poczęcie dzieci – Brzemienność – Dzieci naszego intelektu i serca – Przywrócić kobiecie jej prawdziwe miejsce – Królestwo Boga, dziecko kobiety kosmicznej.

219 – Centra i ciała subtelne (książka i ebook)
Ewolucja człowieka i rozwój organów duchowych – Aura – Splot słoneczny – Centrum Hara – Siła Kunda-lini – Czakry.

222 – Życie psychiczne: elementy i struktury (ebook)
Poznaj samego siebie – Tablica synoptyczna – Kilka dusz i kilka ciał – Serce, intelekt, dusza, duch – Nauka woli – Ciało, dusza, duch – Poznanie zewnętrzne, po-znanie wewnętrzne – Od intelektu do inteligencji – Prawdziwa iluminacja – Ciało przyczynowe – Świa-domość – Podświadomość – Wyższe Ja.

223 – Twórczość artystyczna i twórczość duchowa
Sztuka, nauka i religia – Boskie źródła inspiracji – Pra-ca wyobraźni – Poezja i proza – Głos – Śpiew chóralny – Jak słuchać muzyki? – Magia gestu – Piękno – Kształty i emanacje – Idealizowanie jako sposób two-rzenia – Żywe arcydzieła – Budowa świątyni.

224 – Potęga myśli

Rzeczywistość pracy duchowej – Jak myśleć o przyszłości – Zanieczyszczenie psychiczne – Życie i obieg myśli – Jak myśl realizuje się w materii – Poszukiwać równowagi między środkami materialnymi i środkami duchowymi – Siła ducha – Kilka praw aktywności duchowej – Oręż myśli – Moc koncentracji – Podstawy medytacji – Twórcza modlitwa – Poszukiwanie szczytu.

225 – Harmonia i zdrowie

Najistotniejsze jest życie – Świat harmonii – Harmonia i zdrowie – Duchowe podstawy medycyny – Oddychanie i odżywianie – Oddychanie – Odżywianie na różnych planach – Jak stać się niestrudzonym – Kultywować zadowolenie.

227 – Złote reguły codziennego życia

Najcenniejsze dobro, życie – Szukajcie harmonii między życiem materialnym i duchowym! – Poświęcajcie swe życie jakiemuś wzniosłemu ideałowi! – Codzienność: materia wymagająca ingerencji ducha – Spożywanie posiłku to ćwiczenie jogi – Oddychanie – Jak odzyskiwać siły! – Prawdziwa miłość źródłem siły i wytrwałości – Postęp techniczny pozwala poświęcać więcej czasu na działalność duchową – Porządkujcie Wasze życie wewnętrzne! – Świat zewnętrzny odzwierciedla Wasz świat wewnętrzny – O Waszej przyszłości zadecyduje chwila obecna – Żyjcie teraźniejszością! – Zawsze miejcie na uwadze początek! – Nim zaczniecie działać – proście o światło! – Pamiętajcie o pierwszym odczuciu – Miejcie świadomość własnych nawyków myślowych – Uwaga i czujność – Nadawajcie Waszemu życiu wymiar duchowy – Najważniejsza jest praktyka! – Zalety moralne są cenniejsze niż talent – Bądźcie zadowoleni ze swego losu! – Praca duchowa nigdy nie pozostaje bez wyników – Jak regenerować organizm, ciało astralne i umysł – Szukajcie każdego dnia strawy duchowej! – Spoglądajcie regularnie i krytycznie na własne życie – Dobierajcie środki do realizacji nakreślonego celu! – itd.

228 – Spojrzenia na niewidzialne (książka i ebook)

Widzialne i niewidzialne – Ograniczone postrzeganie intelektu, nieograniczone postrzeganie intuicji – Dostęp do świata niewidzialnego: od Jesoda do Tifereta – Jasnowidzenie: aktywność i pasywność – Czy trzeba radzić się jasnowidzących? – Kochajcie, a wasze oczy się otworzą – Przekazy z Nieba – Światło widzialne i światło niewidzialne: „svetlina" „videlina" – Wyższe stopnie jasnowidzenia – Oko duchowe – Widzenie Boga – Prawdziwe lustro magiczne: Dusza uniwersalna – Marzenie senne i rzeczywistość – Sen, obraz śmierci – Ochraniać się podczas snu – Podróże duszy podczas snu – Ochrona fizyczna i ochrona psychiczna – Źródło inspiracji – Przedkładać uczucie nad widzenie.

229 – Droga ciszy (książka i ebook)

Hałas i cisza – Osiąganie ciszy wewnętrznej – Kłopoty pozostawcie za drzwiami – Ćwiczenie: Jedzenie w ciszy – Cisza, rezerwuar energii – Mieszkańcy ciszy – Harmonia, warunek wewnętrznej ciszy – Cisza, warunek myślenia – Poszukiwanie ciszy, poszukiwanie centrum – Słowo i mowa – Słowo mistrza w ciszy – Głos ciszy, głos boga – Rewelacje gwiaździstego nieba – Pokój ciszy.

230 – Niebiańskie Miasto – komentarze do Apokalipsy

Wizyta na Patmos – Wstęp do Apokalipsy – Melchizedek i nauka dwóch zasad – Listy do gminy w Efezie i Smyrnie – List do gminy w Pergamonie – List do gminy w Laodycei – Dwudziestu-czterech Starców i cztery święte zwierzęta – Księga i Baranek – 144 000 sług Boga – Kobieta i smok – Archanioł Michael poskramia smoka – Smok ciska wodą na kobietę – Zwierzę, które wychodzi z morza i zwierzę, które podnosi się z ziemi – Święto zaślubin Baranka – Smok uwięziony na tysiąc lat – Nowe Niebo i nowa Ziemia – Niebiańskie miasto – 1. Kamień sześcienny – 2. Fundamenty z kamieni szlachetnych – 3. Bramy z pereł – 4. Rzeka życia – 5. Nadejście Nowego Jeruzalem.

231 – Ziarna szczęścia (ebook)

Szczęście – dar do pielęgnowania – Szczęście nie jest przyjemnością – Szczęście jest w pracy – Filozofia wysiłku – Światło przynosi szczęście – Sens życia – Pokój i szczęście – Żyjcie a będziecie szczęśliwi! – Wznieść się ponad okoliczności – Rozwinąć wrażliwość na świat boski – Ziemia Kanaan – Duch jest ponad prawami przeznaczenia – Szukać szczęścia na górze – Poszukiwanie szczęścia, poszukiwanie boga – Nie ma szczęścia dla egoistów – Dawać niczego nie oczekując – Kochajcie nie oczekując, że będziecie kochani – O użyteczności wrogów – Ogród dusz i duchów – Fuzja na płaszczyznach wyższych – Jesteśmy twórcami naszej przyszłości.

233 – Przyszłość dla młodzieży (książka i ebook)

Młodzież: ziemia w stadium tworzenia – Podstawy naszej egzystencji: wiara w Stwórcę – Poczucie świętości – Głos wyższej natury – Poszukiwanie właściwego kierunku – Studia nie wystarczają, aby życiu nadać sens – Charakter znaczy więcej niż wiadomości – Panowanie nad sukcesami jak i nad niepowodzeniami – Rozpoznać aspiracje duszy i ducha – Boski świat jest nasza ziemią wewnętrzną – Dlaczego rodzimy się w danej rodzinie? – Korzystać z doświadczeń starszych – Porównywać się z większymi, aby się rozwijać – Wola podtrzymywana przez miłość – Nie przyznawać się nigdy do przegranej – Nie upadać na duchu z powodu swoich braków – Prawdziwy artysta przyszłości – Swoboda seksualna? – Ochraniajcie poetyczność waszej miłości – Wejście do rodziny powszechnej.

238 – Wiara, która przenosi góry (ebook)

Wiara, nadzieja i miłość – Ziarnko gorczycy – Wiara i wierzenie – Nauka i religia – Wiara zawsze poprzedza wiedzę – Odnaleźć ukrytą wiedzę – Religia jest formą wiary – Nasze boskie synostwo – Dowód na istnienie boga jest w nas – Utożsamianie się z bogiem – Bóg, życie – Bóg w tworzeniu – Rabota, vreme, vera: praca, czas, wiara.

239 - Miłość większa niż wiara (ebook)

Rozterki człowieka współczesnego – Niszczycielskie zwątpienie: scalenie i rozwidlenie – Zbawcze zwątpienie – „Twoja wiara cię uratowała" – Niech ci się stanie jak oceniasz…! – Tylko nasze czyny świadczą o naszej wierze – Zachować swoją wiarę w dobro – „Jeśli nie staniecie się jak dzieci…" – Miłość większa niż wiara – Jak zbudować nasze zaufanie do ludzi – „Jak ja was umiłowałem, tak miłujcie się i wy nawzajem".

241– Kamień filozoficzny – od Ewangelii do traktatów o alchemii
O interpretacji Świętych Pism – 1. „Litera zabija, a duch ożywia" 2. Słowo Boże – „Nie to co wchodzi do ust czyni człowieka nieczystym...". – „Jesteście solą ziemi." – 1. Odcisnąć piętno ducha na materii. 2. Źródło energii. – IV „A jeśli sól zatraci swój smak...". – Poczuć smak soli: miłość boża – „Jesteście światłem świata" – Sól alchemików – „O tym, jak wszystkie rzeczy są i pochodzą od Jednego" – Praca alchemiczna: 3 nad 4 – Kamień filozoficzny, owoc mistycznej więzi. – Regeneracja materii: krzyż i tygiel – Rosa majowa – Wzrost ziarna boskiego – Złoto wiedzy prawdziwej: alchemik i poszukiwacz złota.

244 – Chodźcie, dopóki macie światłość
By nie musieć już sobie więcej mówić: gdybym był wiedział! – „Niech lewica nie wie, co czyni prawica" – 1. Symbolika prawicy i lewicy – 2. Dwie ręce Boga – Program na dzień i na wieczność – „Nie martwcie się o jutro" – Jedynie teraźniejszość należy do nas – Zanim zajdzie słońce – Przejście na tamten świat – Życie bez granic – Sens rytuałów pogrzebowych – Nasze relacje z duchami rodzinnymi – Czym jest wola Boża? – W służbie bożemu pryncypium – Wznieść się do ołtarza pańskiego – Nie ustawajcie w marszu! – U progu nowego roku.

13 – Nowa ziemia – Metody, ćwiczenia, formuły, modlitwy (twarda oprawa)
Modlitwy – Program dnia – Odżywianie – Zachowanie – Problem zła – Metody oczyszczenia – Relacje międzyludzkie – Relacje z naturą – Słońce – Gwiazdy – Praca myśli – Galwanoplastyka duchowa – Splot sło-

neczny – Centrum Hara – Metody światła – Aura – Ciało chwalebne – Kilka formuł i modlitw – Ćwiczenia gimnastyczne.

514 – Myśli dnia (kalendarze w formie książkowej)
W książce tej znajdują się korespondujące z kolejnymi dniami roku cytaty z pism Omraam Mikhaela Aivanhova, które mają formę skondensowanych tematycznie, pięknych myśli. W nich ujawnia się wszechstronność, klarowność i głębia jego filozofii, której celem jest pomoc ludziom w całej skali problemów życia. Publikacja ta może być cennym towarzyszem codziennego życia, ale również sprawdzić się znakomicie jako prezent czy pomoc w medytacji.

308 – Święta wielkanocne (broszura)
„Wobec zbliżających się świąt Wielkanocnych nic nie powinno nas bardziej zajmować niż myślenie o odnowie, o regeneracji, ponieważ wraz ze zmartwychwstaniem Chrystusa świętujemy odrodzenie całej natury. Jeśli Chrystus zmartwychwstał oznacza to, że cała natura się odradza i także ludzie powinni się odrodzić nie czekając na koniec czasów. Więc pewnego dnia każdy powinien w końcu powiedzieć tak jak Chrystus: „Jestem zmartwychwstaniem i życiem".

318 – Prawdziwa praca matki podczas ciąży (broszura)
Podczas całego okresu ciąży matka powinna czuwać i ochraniać dziecko i świadomie stwarzać wokół niego atmosferę czystości i światła, aby pracować we współpracy z duszą, która ma się wcielić. Samo dziecko nic nie posiada, otrzymuje ono wszystkie materiały od swojej matki. Dlatego powinna ona być tego świadoma

i poprzez swoje myśli i uczucia dostarcza mu tylko cząsteczek najbardziej świetlistych i najczystszych.

402 – Spirytualista w społeczeństwie
(próbka lektury)

Znaleźć równowagę między tym co duchowe, – a tym, co materialne – Rozróżnić jasno cel i środki – Praca fizyczna a praca duchowa – Sprostać codziennym obowiązkom – Wybór założenia rodziny – Zrezygnować z narzucania własnych przekonań – Życie małżeńskie: nie uciekać przed problemami – itd.

403 – Bądź panem własnego szczęścia
(próbka lektury)

Bądź panem własnego szczęścia – Próby życiowe: wyzwanie do podjęcia – Korzystajcie z waszego bogactwa duchowego – Nie być uciążliwym dla otoczenia – Pracujcie nad atmosferą psychiczną – Nigdy się nie zniechęcajcie – Zapalmy nasze lampy – Prosty gest – itd.

Dystrybutorzy

Polska

Nieznany Świat, Księgarnia-Galeria
ul. Kredytowa 2, 00-062 Warszawa, tel. 827-93-49
www.nieznany.pl

oraz w następujących sklepach:

www.allegro.pl
www.ceneo.pl
www.amazon.pl
www.amazon.com
www.virtualo.pl (ebooki)
www.motyleksiazkowe.pl
i wielu innych dystrybutorów

**Dalsze informacje na temat autora
Omraama Mikhaela Aivanova i jego książek:**
www.prosveta.pl

Francja (Wydawca oryginału)

EDITIONS PROSVETA S.A.
Z.A. Le Capitou - B.P. 12
83601 Fréjus CEDEX (France)
Tel. (33) 04 94 19 33 33 – www.prosveta.com

Niemcy

PROSVETA VERLAG GmbH
Grabenstr. 14, 78661 Dietingen
www.prosveta.de/pl

Austria
HARMONIEQUELL VERSAND
Ulmenweg 8 – 5302 Henndorf
e-mail: info@prosveta.at
www.prosveta.at

Wielka Brytania
PROSVETA, The Doves Nest
Duddleswell Uckfield,
East Sussex TN22 3JJ
e-mail: info@prosveta.co.uk
www.prosveta.co.uk

USA
WELLSPRINGS OF LIFE
404 N Mount Shasta Blvd # 320
Mount Shasta, CA 96067
Tel. 530-918-3391
e-mail: wellspringsoflife@mail.com
www.prosveta-usa.com

Inne kraje
www.prosveta.fr/en/prosveta-around-the-world